역사탐정 만두와 함께하는
이야기 세계사

역사탐정 만두와 함께하는
이야기 세계사

초판 1쇄 2024년 6월 30일
지은이 이정환 | **그린이** 김은정 | **편집기획** 북지육림 | **디자인** 이선영
제작 재영 P&B | **펴낸곳** 지노 | **펴낸이** 도진호, 조소진 | **출판신고** 2018년 4월 4일
주소 경기도 고양시 일산서구 강선로49, 916호
전화 070-4156-7770 | **팩스** 031-629-6577 | **이메일** jinopress@gmail.com

ⓒ 이정환, 2024
ISBN 979-11-93878-00-2 (73900)

- 이 책의 내용을 쓰고자 할 때는 저작권자와 출판사의 서면 허락을 받아야 합니다.
- 잘못된 책은 구입한 곳에서 바꾸어드립니다.
- 책값은 뒤표지에 있습니다.

역사탐정 만두와
함께하는
이야기 세계사

이정환 지음 | 김은정 그림

| 추천의 글 |

"딱딱한 문어체가 아닌 구어체로 쓰여 있어 술술 읽히는 이 책 『역사탐정 만두와 함께하는 이야기 세계사』의 백미는 '만두의 아틀리에'다. 명화에 대한 설명과 함께 읽었던 부분을 정리할 수 있어 일석이조의 학습 효과를 얻을 수 있다. 세계사라는 방대한 내용이 책 한 권에 이야기로 재미있게 담겨 있어 독자들이 세계사의 전체 흐름을 단번에 잡을 수 있을 것이다. 또 멀게만 느껴지던 역사적 인물의 말과 행동이 오늘날 우리의 말로 쉽게 풀이되어, 학생들이 역사적 인물의 생각과 행동을 더 쉽고 재미있게 이해할 수 있으리라 생각한다."

_김재식, 유림초 교장

"단연코 대한민국에서 가장 다정한 세계사 입문책이다. 현직 교사이자 아빠인 필자가 전하는 따뜻한 역사 이야기는 인류의 탄생부터 평화로운 공존을 위한 인류의 과제까지 격동의 세계사를 단숨에 이해시킨다. 다정하지만 날카롭고 이성적이지만 재미있는 『역사탐정 만두와 함께하는 이야기 세계사』의 탄생을 축하한다."

_윤지선, 전국교사작가협회 '책쓰샘' 대표, 교사크리에이터협회 집필팀장

"이 책은 열린 질문으로 생각하는 힘을 길러 줄 뿐 아니라 인스타그램, 유튜브, 만화 등의 포맷으로 창의적이고 다채로운 워크시트를 제공해 학생들이 보다 재미있고 깊게 역사를 접할 수 있도록 안내한다. 또한 학습자의 눈높이에 맞는 설명과 어려운 용어 풀이를 제공하고 있어 학생들이 혼자서도 충분히 내용을 이해할 수 있도록 구성되었다. 찬찬히 읽다 보면 자연스레 역사적 사고력과 창의력이 샘솟을 것이다."

_이석선, (전)전국단위교사 독서교육연구회 운영자, 『꼬꼬야 울지마! 왕따 마영포』 저자

"만두라는 캐릭터가 대화를 나누듯 역사 이야기를 전해 준다. 만두 덕분에 책을 읽는 아이들이 역사를 친근하게 받아들일 것 같다. 사건의 배경지식이나 사건과 사건 사이를 이어 주는 친절한 설명이 자연스럽게 원인과 결과를 이해할 수 있도록 돕는다. 이 책은 학생뿐 아니라 세계사의 전체 흐름을 잡고 싶은 어른이 읽어도 좋게 쓰였다. 세계사를 알고 싶은 이들이 있다면 이 책부터 읽어 볼 것을 권한다."

_서우연, 순천북초 교사, 2023 네이버 올해의 블로그 '우연샘의 꿈꾸는 교실' 운영자

| 서문 |

역사를 좋아하는 학생들을 학교에서 종종 만나곤 합니다. 친구들에게 위대한 인물이나 중요한 사건에 대해 말하는 학생을 옆에서 보고 있으면 귀엽기도 하고 기특하기도 합니다.

하지만 안타깝게도 모든 학생이 역사를 좋아하지는 않습니다. 역사를 어려운 용어와 외울 내용이 많은 과목으로 생각하기 때문이죠. 하지만 이러한 학생들의 생각은 어딘가 좀 아쉽습니다.

역사는 위대한 인물이나 사건을 외우는 공부만을 의미하지 않기 때문이죠. 역사는 지금까지 인류가 살아온 나날을 기록한 하나의 재미있는 이야기입니다. 우리가 오늘날 살아가는 이야기 또한 역사인 셈이죠.

이 책의 캐릭터인 만두는 어떻게 탄생했을까요? 중국 촉한의 재상이자 뛰어난 지략가였던 제갈량이 남만(중국 역사에서 남방의 미개 부족을 일컫는 말)을 성공적으로 정벌하고 촉한으로 돌아오는 길에 있었던 일입니다. 강을 건너려던 제갈량은 갑자기 불어온 심한 바람과 거센 물결 때문에 강을 건널 수 없게 됩니다. 이때 제갈량은 사람의 머리 49개를 물의 신에게 바치면 강을 무사히 건널 수 있다는 얘기를 듣습니

다. 불필요한 희생을 치르기 싫었던 제갈량은 밀가루로 사람의 머리 모양을 닮은 음식을 만듭니다. 그리고 만든 음식을 강에 던졌는데 놀랍게도 바람이 멎고 물결이 잔잔해졌다고 합니다. 강에 던져진 음식이 바로 만두인 거죠. 어떤가요? 만두 이야기 재미있지 않나요?

단편적인 내용을 단순 암기하기보다 이렇게 역사를 한 편의 재미있는 이야기로 접한다면 역사가 재미있고 친숙하게 느껴질 것입니다. 그런데 우리는 왜 우리나라의 역사만이 아닌 다른 나라의 역사까지 알아야 할까요?

한반도는 현재 분단된 상태입니다. 분단을 결정한 것은 남한과 북한의 입장이었을까요? 그렇지 않습니다. 김구 선생님을 포함한 많은 분이 한반도의 통일을 위해 부단히 노력하셨습니다. 하지만 한반도는 끝내 오늘날과 같은 상태로 나뉘었습니다. 그 이유는 무엇일까요? 이는 여러분이 한국사뿐 아니라 세계사를 살펴봐야 하는 이유이기도 합니다.

1945년 일본이 태평양전쟁에서 미국에 연이어 패배하고 항복할 기미를 보이자, 소련군은 일본이 차지하고 있던 만주와 한반도 북부 지역으로 재빠르게 내려왔습니

다. 이때 일본의 항복을 받은 미군도 한반도 남부 지역에 들어오게 되죠. 한반도에 자신들의 영향력을 행사하고 싶었던 미국과 소련은 대한민국 정부 수립을 두고 첨예하게 맞섰습니다.

하지만 끝내 의견 차이를 좁히지 못하고 한반도의 남쪽과 북쪽에 서로 다른 두 개의 정부가 수립됩니다. 분단이 결정된 것이죠.

이러한 일은 한국사만 공부해서는 알 수 없는 일입니다. 우리나라가 세계 역사의 큰 흐름 안에 있는 만큼 세계사를 공부하지 않고는 우리나라의 역사를 제대로 이해하기 어려운 것이지요.

다행히 세계사도 한국사만큼 재미있습니다. 여러 나라의 이야기를 다룬 만큼 세계사에는 흥미로운 이야기도 많습니다. 세계사를 읽다 보면 한국사를 공부하다 이해하지 못했던 점 또한 이해할 수 있을 것입니다.

『역사탐정 만두와 함께하는 이야기 세계사』는 『역사탐정 만두와 함께하는 이야기 한국사』의 후속편으로 나왔습니다. 그래서 세계사 책도 한국사 책과 마찬가지로 한 권입니다. 여러 권의 책을 읽기 힘든 친구들도 이 책 한 권으로 세계사의 전체 흐름을 이해할 수 있도록 구성했습니다. 주제별 워크시트도 한국사 책과 마찬가지로 본문에 들어가 있어 읽은 내용을 정리할 때 유용할 것입니다.

사실 한국사 책을 쓸 때만 하더라도 세계사 책까지 쓰게 되리라 생각지 못했습니다. 한국사에 이어 세계사 책이 세상에 빛을 볼 수 있도록 지원해 준 지노출판과 한

땀 한 땀 정성스럽게 그림을 그리느라 힘쓴 아내에게 감사한 마음을 이 글을 통해 다시 한번 표합니다. 마지막으로 우리 딸 나경이와 아들 재윤이 또한 이 책을 읽으며 역사에 흥미와 관심을 가지게 되기를 바라며 글을 마칩니다.

2024년 6월

이정환

차례

추천의 글 · 4
작가 서문 · 6
이 책의 구성 및 활용법 · 14
역사탐정 만두 이야기 · 20

1부 지구에 등장한 인류, 그들이 만들어 가는 세상

강아지를 찾던 아이들, 구석기 시대 비밀의 문을 열다 · 24
학교, 목욕탕이 이때 있었다고? 입이 떡 벌어지는 고대 문명의 높은 수준 · 29
고대 문명이 알려 주는 삶의 지혜, 메소포타미아 문명, 이집트 문명의 발달 · 33
황하 문명과 수수께끼로 남은 인더스 문명 · 42
신화를 통해 알아보는 서양 문화의 뿌리, 크레타 · 50

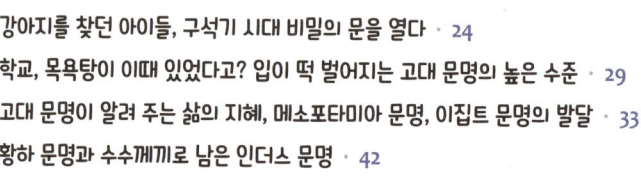

2부 지배하느냐, 지배당하느냐? 고대 제국의 탄생

달라도 너무 달랐던 두 강대국, 아시리아와 페르시아 · 58
강한 자만이 살아남는다 중국 최초의 황제 등장 · 64
동양과 서양의 첫 충돌, 영화 〈300〉 제대로 보기 · 70
서양의 영향을 받은 불상이 우리나라에 있다? 알렉산더가 변화시킨 세상 · 76
2000년 전에 고속도로가 만들어졌다고? · 83
서양 문명의 중심 로마에는 다른 나라와 다른 특별한 무언가가 있다 · 87
7월과 8월의 유래, 영원히 이름을 남긴 두 인물 · 94

3부 종교가 지배한 세상? 그 뒤에서 웃는 권력자들

카스트제도는 왜 쉽게 사라지지 못할까? · 104
인도의 도로를 점령한 신성한 동물의 정체는? · 109
최악의 위생 상태, 유럽에 퍼진 검은 죽음 · 114
성스러운 전쟁의 추악한 실체, 십자가와 초승달의 충돌 · 118
종교개혁으로 갈라진 유럽 · 125

4부 말은 세계 역사를 어떻게 바꾸었을까?

전투력 최강 유목민족, 중국 역사를 바꾸다 · 132
훈족이 일으킨 나비효과 · 136
충성? 우리는 그런 거 몰라요, 계약한 대로만 싸웁니다 · 141
세상의 절반을 차지한 전투 기계, 몽골 · 145
몽골제국의 부활을 꿈꾼 절름발이 정복자, 티무르 · 150

5부 서양은 그들이 우러러보던 동양을 어떻게 뛰어넘었을까?

알코올, 알고리즘이 다 아랍어? 잠든 유럽을 깨운 아랍의 놀라운 지식 · 158
배가 산으로 올라갔다고? 막을 내린 중세, 콘스탄티노폴리스 함락 · 162
신이 아닌 인간의 시각으로! 르네상스 시대, 변화하는 유럽 · 168
한 사람의 착각이 대항해 시대를 열었다고? · 173
아메리카 대륙에 스페인어를 공용어로 삼는 나라가 많다고? · 179
공포의 노예선, 아메리카에 흑인이 많은 이유 · 184

6부 중원을 차지할 자는 누구? 한족과 북방 민족의 끝없는 싸움

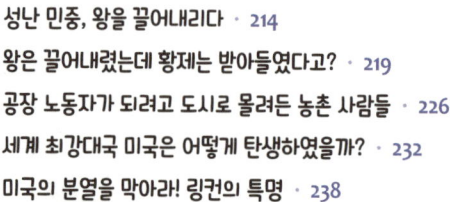

장안의 화제란 말은 어디에서 나왔을까? · 190
돈으로 평화를 얻고자 한 송나라의 시련 · 194
마르코 폴로가 방문한 나라 · 200
동아시아의 전체 질서를 뒤바꾼 전쟁 · 205

7부 혁명의 시대, 급격히 변하는 세상

성난 민중, 왕을 끌어내리다 · 214
왕은 끌어내렸는데 황제는 받아들였다고? · 219
공장 노동자가 되려고 도시로 몰려든 농촌 사람들 · 226
세계 최강대국 미국은 어떻게 탄생하였을까? · 232
미국의 분열을 막아라! 링컨의 특명 · 238

8부 제국주의 괴물이 가져온 파멸

제국주의의 산물, 아프리카의 국경선은 왜 반듯할까? · 246
부도덕하고 추악한 전쟁, 아편으로 무너진 청나라 · 252
전 세계를 피로 물들인 끔찍한 전쟁, 1차 세계대전 · 259
세계 경제에 불어닥친 검은 목요일의 공포 · 266
독일의 구원투수, 파멸의 그림을 그리다 · 271
파국을 부른 두 독재자의 맞대결 · 278
근대화에 성공한 일본, 폭주하는 기관차가 된 이유는? · 284

9부 어떤 체제가 우수한가? 이념의 시대 그리고 그 이후

새로운 체제의 탄생, 러시아 혁명을 완성한 레닌 · 292
천안문 광장에 걸린 초상화의 주인공은? · 298
너한테는 안 진다! 미국과 소련의 무한경쟁 · 303
평화로운 공존을 위해 인류가 함께 나아가야 할 길 · 309

도판출처 · 316
권말부록 세계사 핵심 연표

왜, 『역사탐정 만두와 함께하는 이야기 세계사』일까?

반복·확장하여 자연스럽게 익히는 역사의 순환학습!

쉽고, 재미있으니까!
반복해서 보며 익히는

교과서

이야기 세계사
- 교육과정 분석을 바탕으로 한 핵심 키워드 중심의 내용으로 개념이 쏙쏙!
- 생생하고 친절한 삽화로 이해력을 업업!
- 교과서보다 심도 있는 내용으로 역사적 지식 확장에 도움.
- 비주얼 씽킹 기법을 활용한 워크시트로 한 번 더 내용 정리.

역사 영상
- 읽은 내용을 복습할 수 있는 맞춤 영상 제공.
- QR코드를 활용한 만화 영상으로 재미있고 즐겁게 역사 공부 가능.

질문을 통해 생각하는 힘을 길러주는 역사책!

머리가 곱슬곱슬하고 피부가 검은 사람들이 보여. 흑인으로 보이는 사람들은 옷도 걸치지 못한 채 금을 물에 씻고 있네. 열심히 일하는 흑인과 대조적으로 백인은 화려한 옷을 입은 채 가만히 서 있기만 해. 이건 무슨 상황일까?

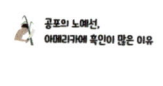

본문 곳곳에서 열린 질문을 던져 질문에 대한 답을 생각해 보게 하고, 그 과정에서 생각하는 힘을 길러 줘요.

이 책의 구성 및 활용법

어려운 역사도 맞춤 영상으로 쉽고 재미있게!

책 내용을 바탕으로 저자가 직접 제작한 만화 영상을 보며 읽은 내용을 보다 쉽게 이해하고 배움에 재미를 더해요.

주제별 역사 연표를 통해 사건의 흐름을 더 쉽게 이해해요!

해당 주제와 관련된 역사적 사건의 큰 흐름을 역사 연표를 통해 한눈에 파악할 수 있어요.

명화 속 세계사를 만나 보아요!

역사적 사건과 관련된 명화 속 이야기를 '만두의 아틀리에'에서 만나 보아요. 명화 읽기를 통해 역사적 사건을 보다 심도 있고 입체적으로 이해할 수 있어요.

비주얼 씽킹 워크시트로 다시 한 번 더 정리해요!

친절한 힌트와 함께 읽은 내용을 다양한 방식으로 정리해 봐요. 그림과 핵심 키워드를 활용하여 읽은 내용을 정리하면 기억에 더 오래 남아요.

교육과정 분석을 바탕으로 한 성취기준 중심의 교과서 맞춤 역사 내용!

주제	성취기준	연계된 책 목차
문명의 발생과 고대 세계의 형성	[9역02-01] 선사 문화 및 문명의 형성을 이해하고, 각 문명의 특징을 비교한다.	[Ⅰ-1] 강아지를 찾던 아이들, 구석기 시대 비밀의 문을 열다
		[Ⅰ-2] 학교, 목욕탕이 이때 있었다고? 입이 떡 벌어지는 고대 문명의 높은 수준
		[Ⅰ-3] 고대 문명이 알려 주는 삶의 지혜, 메소포타미아 문명, 이집트 문명의 발달
		[Ⅰ-4] 황하 문명과 수수께끼로 남은 인더스 문명
	[9역02-02] 서아시아·지중해 세계에서 등장한 여러 정치체를 비교하고 종교 및 문화를 탐구한다.	[Ⅰ-5] 신화를 통해 알아보는 서양 문화의 뿌리, 크레타
		[Ⅱ-1] 달라도 너무 달랐던 두 강대국, 아시리아와 페르시아
		[Ⅱ-3] 동양과 서양의 첫 충돌, 영화 〈300〉 제대로 보기
		[Ⅱ-4] 서양의 영향을 받은 불상이 우리나라에 있다? 알렉산더가 변화시킨 세상
		[Ⅱ-6] 서양 문명의 중심 로마에는 다른 나라와 다른 특별한 무언가가 있다
		[Ⅱ-7] 7월과 8월의 유래, 영원히 이름을 남긴 두 인물
	[9역02-03] 중국과 인도의 정치적 변화와 종교·사상 성립의 관계를 이해하고, 유라시아의 상호 교류를 탐색한다.	[Ⅱ-2] 강한 자만이 살아남는다 중국 최초의 황제 등장
		[Ⅳ-1] 전투력 최강 유목민족, 중국 역사를 바꾸다

주제	성취기준	연계된 책 목차
세계 종교의 확산과 지역 문화의 발전	[9역03-01] 수·당 시기 동아시아 국제 질서의 특징을 이해하고, 동아시아 문화를 탐구한다.	[Ⅵ-1] 장안의 화제란 말은 어디에서 나왔을까?
	[9역03-02] 인도, 서아시아, 지중해에서 진행된 정치적 변동 과정과 각 종교의 특징 및 영향을 파악한다.	[Ⅲ-1] 카스트제도는 왜 쉽게 사라지지 못할까?
		[Ⅲ-2] 인도의 도로를 점령한 신성한 동물의 정체는?
		[Ⅴ-1] 알코올, 알고리즘이 다 아랍어? 잠든 유럽을 깨운 아랍의 놀라운 지식
	[9역03-03] 크리스트교 세계의 정치와 종교의 상관성을 이해하고, 이슬람 세계와 크리스트교 세계의 충돌 및 교류의 결과를 탐구한다.	[Ⅲ-3] 최악의 위생 상태, 유럽에 퍼진 검은 죽음
		[Ⅲ-4] 성스러운 전쟁의 추악한 실체, 십자가와 초승달의 충돌
지역 세계의 교류와 변화	[9역04-01] 송과 몽골제국 시기 유라시아·인도양 교역권의 성장을 경제·문화 자료를 통해 탐구한다.	[Ⅳ-4] 세상의 절반을 차지한 전투 기계, 몽골
		[Ⅵ-2] 돈으로 평화를 얻고자 한 송나라의 시련
	[9역04-02] 명·청, 에도막부, 무굴제국의 정치·사회 변화를 비교한다.	[Ⅵ-4] 동아시아의 전체 질서를 뒤바꾼 전쟁
	[9역04-03] 오스만제국의 성장과 유럽 사회의 근대적 변화를 조사한다.	[Ⅴ-2] 배가 산으로 올라갔다고? 막을 내린 중세, 콘스탄티노폴리스 함락
		[Ⅴ-3] 신이 아닌 인간의 시각으로! 르네상스 시대, 변화하는 유럽
		[Ⅴ-4] 한 사람의 착각이 대항해 시대를 열었다고?

주제	성취기준	연계된 책 목차
제국주의와 국민 국가 건설 운동	[9역05-01] 시민 혁명을 국민 국가 형성과 연결하여 파악하고, 역사적 의의와 한계를 탐구한다.	[Ⅶ-1] 성난 민중, 왕을 끌어내리다
		[Ⅶ-2] 왕은 끌어내렸는데 황제는 받아들였다고?
		[Ⅶ-4] 세계 최강대국 미국은 어떻게 탄생하였을까?
	[9역05-02] 서양의 산업화와 제국주의 정책을 이해하고, 사회와 생태환경에 미친 영향을 분석한다.	[Ⅴ-5] 아메리카 대륙에 스페인어를 공용어로 삼는 나라가 많다고?
		[Ⅴ-6] 공포의 노예선, 아메리카에 흑인이 많은 이유
		[Ⅶ-3] 공장 노동자가 되려고 도시로 몰려든 농촌 사람들
		[Ⅷ-1] 제국주의의 산물, 아프리카의 국경선은 왜 반듯할까?
	[9역05-03] 제국주의 열강의 침략에 대한 아시아의 대응 및 국민 국가 건설 노력을 이해하고, 그 성과와 한계를 평가한다.	[Ⅷ-2] 부도덕하고 추악한 전쟁, 아편으로 무너진 청나라
세계대전과 사회 변동	[9역06-01] 20세기 전반 세계 질서의 변화를 두 차례의 세계 대전을 중심으로 파악한다.	[Ⅷ-4] 세계 경제에 불어닥친 검은 목요일의 공포
		[Ⅷ-5] 독일의 구원투수, 파멸의 그림을 그리다
		[Ⅷ-6] 파국을 부른 두 독재자의 맞대결
	[9역06-02] 세계 대전 중의 전쟁 범죄를 탐구하고, 인권 회복과 평화 실현을 위한 노력을 조사한다.	[Ⅷ-7] 근대화에 성공한 일본, 폭주하는 기관차가 된 이유는?
현대 세계의 전개와 변화	[9역07-01] 냉전의 전개와 제3세계 등장의 상관관계를 이해하고, 냉전 이후 국제 질서의 변화를 분석한다.	[Ⅸ-1] 새로운 체제의 탄생, 러시아 혁명을 완성한 레닌
		[Ⅸ-3] 너한테는 안 진다! 미국과 소련의 무한경쟁
	[9역07-03] 오늘날 세계화의 양상을 조사하고, 성과와 과제를 탐구한다.	[Ⅸ-4] 평화로운 공존을 위해 인류가 함께 나아가야 할 길

캐릭터 소개

역사탐정 만두를 소개합니다

MANDOO

신기한 모양의 녹음기
만두 허리띠
목소리 녹음 기능이 있어 손으로 기록하지 못한 많은 내용을 담을 수 있다.

역사 여행의 필수템
마법의 돋보기
돋보기에 눈을 대고 시대를 말하면 과거로 여행할 수 있다.

기록의 기본
연필과 공책

안녕, 친구들? 나는 역사탐정 만두야!

어느 날 먼 미래에서 온 사람이 커다란 캔버스를 들고 나를 찾아왔어.

그 사람은 캔버스에 그려진 명화를 가리키며 나에게 말했어.

"이름 모를 집단이 세계 역사 기록을 모두 없애 버린 탓에 미래의 사람들은 자신의 뿌리를 잊고 살아가고 있다네. 하지만 전 세계의 많은 이들이 잃어버린 과거를 찾고 싶어 하지. 기록은 사라졌지만, 여기 이 명화들은 역사를 기억하고 있네. 부디 자네가 명화들을 파헤쳐 잃어버린 세계의 역사를 되찾아 줄 수 있겠는가?"

말을 마친 그는 나에게 명화 속 시대로 들어갈 수 있는 마법의 돋보기를 주었어.

명화라니……. 나는 그림에 대해 전혀 알지 못하는데. 어떡하지?

부탁을 받은 이상 그냥 지나칠 수 없지. 나는 만두 탐정이니까.

그런데 혼자 일을 하려니 어깨가 너무 무거워. 친구들이 도와주면 좋겠어.

친구들, 지금부터 나와 함께 탐정이 되어 세계사 여행을 떠나지 않을래?

여기 이 명화들을 꼼꼼히 살펴보고 기록해서, 사라진 명화 속 세계사 이야기를 함께 알아보자고!

1부

지구에 등장한 인류, 그들이 만들어 가는 세상

약 390만 년 전
오스트랄로 피테쿠스 출현

약 30만 년 전
호모 사피엔스 출현

400만 년 전 ——————— 100만 년 전 ——————— 1만 년 전

약 180만 년 전
호모 에렉투스 출현

약 1만 7000년 전
라스코 벽화

피라미드, 미라에 대해 들어 본 적 있니?
피라미드와 미라는 신비로운 이집트 문명의
대표적인 문화유산이야.
이집트가 아닌 다른 곳에서는 어떤 문명이 발달했을까?
나와 함께 알아보는 건 어때?

B.C. 3500년경
메소포타미아 문명

B.C. 2500년경
인더스 문명, 황하 문명

B.C. 4000 — B.C. 3000 — B.C. 2000 — B.C. 1000

B.C. 3000년경
이집트 문명

B.C. 2000년경
크레타 문명

 **강아지를 찾던 아이들,
구석기 시대 비밀의 문을 열다!**

이곳은 어디지? 거대한 동굴이라는 것은 틀림없어 보여. 손전등을 켜고 자세히 살펴봐야겠어. 손전등을 켜자마자 내 눈에 들어온 건 여러 마리의 동물들이야. 벽화 속 그림들이 마치 살아 움직일 것 같아. 사슴, 말, 소와 같이 오늘날 볼 수 있는 동물의 그림도 있고 현재는 볼 수 없는 동물의

▼ 라스코 동굴 벽화

그림도 있어. 이 그림을 그린 사람은 대체 누구일까? 우리가 알 만한 유명한 화가일까? 안타깝게도 이 그림을 그린 사람의 이름은 알 수 없어. 이 그림을 그린 사람들이 살았던 시기는 글자가 만들어지기 전인 선사 시대(先史時代)이기 때문이지.

이 동굴은 프랑스의 라스코 동굴로, 잃어버린 강아지를 찾던 아이들이 이 동굴을 발견했다고 해. 동굴의 벽화를 그린 이들은 바로 구석기인들이었어.

구석기인이라고? 구석기인은 도대체 누구일까?

인간은 네 발로 걷는 다른 동물들과 다르게 두 발로 걸어. 생존을 위해 다른 동물과 치열한 경쟁을 벌이던 시기, 자유로워진 두 손은 인간이 다른 동물들과의 경쟁에서 앞설 수 있는 큰 무기가 되었지. 구석기인들은 생존을 위해 여러 도구를 개발했어. 사나운 맹수를 상대하기 위해서 구석기인들은 강한 무기가 필요했어. 그렇게 만들어진 것이 주먹도끼야. 돌을 깨뜨려 만들어진 주먹도끼는 맹수들을 상대할 때뿐 아니라 오늘날의 만능 칼처럼 여러 곳에 사용되었어.

맹수의 위협에서 벗어나는 것 이외에 생존을 위해 꼭 필요한 것이 있었어. 그것은 무엇이었을까? 바로, 식량이야!

생존에 필요한 영양분을 얻기 위해 구석기인들은 열매를 따 먹거나 동물을 사냥하곤 했어. 하지만 인간보다 빠른 동물을 사냥하는 것은 여간 쉬운 일이 아니었지. 사냥에 여러 번 실패한 구석기인들은 서로 힘을 합쳐 사냥하기로 해. 구석기인들은 그렇게 협력하며 생활하기 시작했어.

　빙하기로 날씨가 추웠던 구석기 시대, 인간은 추위를 피해 동굴로 들어갔어. 추운 날씨가 계속 이어지면 그들은 밖에 나가지 못하고 오랜 기간 배를 굶주리며 동굴에서 생활했어.

　추위를 피하려고 동굴에 모인 그들이 할 수 있는 일은 많지 않았지. 그들은 그들의 이야기를 동굴에 그림으로 표현하기로 했어. 구석기인들은 그들의 이야기를 대체 왜 동굴에 남겼을까?

　벽화를 보면 당시 구석기인들이 무엇을 중점적으로 그렸는지 알 수 있어. 어때? 동물들이 많이 보이지?

▼ 동굴에 그림을 그리고 있는 선사 시대 사람
울산 반구대 암각화에서도 다양한 동물의 모습을 발견할 수 있어.

동물을 그린 이유는 무엇일까? 오늘날의 예술가들과 같이 당시 구석기인 중에도 예술을 사랑한 사람이 있었는지 몰라. 그랬다면 그 사람은 그림을 그리기 위해 직접 동굴을 찾아가 그림을 그렸을 수도 있어.

혹은 사냥에 성공하고 싶은 간절한 마음을 그림에 담았다고 생각해 볼 수도 있지.

아니면 우리나라의 단군신화처럼 자신들이 숭배한 동물들을 그림들로 표현했을지도 몰라. 구석기인들이 동굴 벽화에 그림을 남긴 이유는 현재 다양하게 추측되고 있어. 그들은 왜 그림을 그렸을까? 친구들이 이 물음에 스스로 답해 보는 건 어때?

QR코드로 영상 보기

라스코 벽화에 얽힌 구석기인들의 이야기, 들어 볼래?

만두 탐정의 아틀리에

- 뿔 때문에 유니콘이라는 별명이 붙은 황소야.
- 거대한 황소(오록스)
- 입에 안료를 담아 뿌리는 스프레이 방식으로 말을 표현했어.
- 프르제발스키 말 떼가 오록스 앞을 지나가고 있어.
- 붉은 사슴들이 오록스 사이에 모여 있네.

발견! 역사 노트

☑ HINT 사냥, 열매, 숭배, 예술

구석기 시대의 생존 방법

　　~~~~~~ 채집 + 사냥을 통해 영양분을 섭취하며 생존했어.

구석기인들은 왜 동굴에 그림을 그렸을까?

❶ 구석기인들 중 ~~~~~~ 을 사랑했던 사람이 그림을 그리기 위해 동굴을 찾았어.

❷ ~~~~~~ 에 성공하고 싶은 간절한 마음을 표현하기 위해 그림을 그렸지.

❸ 동물을 ~~~~~~ 하는 의미를 담아 그림을 그렸어.

정답: 열매, 예술, 사냥, 숭배

 학교, 목욕탕이 이때 있었다고?
입이 떡 벌어지는 고대 문명의 높은 수준

오늘도 사냥에 실패했어. 이곳에는 사냥할 동물이 충분하지 않으니 다른 곳으로 이동해야겠어. 그래도 따뜻해진 날씨 덕분에 열매는 쉽게 구할 수 있어 다행히 굶주리지는 않았어. 그런데 열매를 먹어도 배가 차지 않아. 다른 곳으로 가면 먹을 것을 충분히 구할 수 있을까? 언제까지 이렇게

신석기인들의 생활 ▼
공간 확보와 실내 온도 조절을 위해 신석기인들은 땅을 파고 움집을 지었어.

이동하며 살아야 할까?

사냥(수렵)과 채집으로 자연에서 있는 그대로 먹을 것을 구하며 하루하루를 살아가던 인간은, 빙하기 후에 날씨가 점차 따뜻해지자 농사를 시작하며 식량을 생산하게 돼. 이를 '신석기 혁명'이라고 한단다. 농사는 인류 역사에 놀랄 만한 변화를 가져왔어. 식량을 구하기 위해 이곳저곳을 이동하던 구석기인과 달리 신석기인은 농사를 지으며 한곳에 정착하기 시작했지.

그런데 신석기인들은 농사를 통해 얻은 음식으로만 배를 채웠을까? 아니야. 신석기인들도 영양분을 골고루 섭취하고 싶어 했어. 그들은 여전히 고기를 먹고 싶어 했단다. 구석기와 달라진 게 있다면 신석기인들은 번식을 잘하고 기르기 쉬운 동물들을 가축으로 기르기 시작했다는 거야. 그들은 소나 돼지와 같은 동물들을 주로 길렀지.

농사를 시작하며, 본능에 따라 움직이던 구석기인과 달리 신석기인은 계획적으로 하루하루를 살기 시작했어. 알맞은 기후, 비옥한 땅과 같은 자연환경의 혜택을 받으며 신석기인은 엄청난 양의 식량을 얻을 수 있었지. 이에 따라 자연스레 인구도 증가했어.

먹고사는 데 필요한 식량을 제외하고도 식량이 남았다면 어떻게 사용하고 싶니? 당시 사람들은 자신들에게 필요한 다른 물건을 얻는 데 남은 식량을 활용했어. 다른 사람과의 물물교환, 즉 교류를 시작한 거야. 가축을 기르는 사람이 농사를 짓는 사람에게 고기를 주고 곡식을 얻는 것처럼 신석기인들은 그들에게 필요한 물건을 서로 교환했지. 이러한 교류를 통해 사람들은 서로에게 필요한 것을 얻을 수 있게 되었어. 그 과정에서 큰 부를 축적하는 사람들이 생겨났지.

하지만 교류는 일하기도 바쁜 신석기인들에게 쉽지 않은 일이었어. 교통수단이 발달하지 않았던 시기라 그들은 먼 거리를 이동하며 물건을 교류해야 했지. 그러다 중간에 도적 떼라도 만나면 물건을 빼앗겨 교류하지 못하기도 했단다. 이러한 문제를 해결하고자 배, 수레와 같은 교통수단이 등장했어. 그 덕분에 교류가 활성화될 수 있었지.

그리고 시간이 흘러 사람들은 일을 효율적으로 처리하기 위해 각자의 일을 나누게 되었어. 그 결과 한 사람이 오랜 기간 같은 일을 하게 되었고 자연스레 특정 분야의 전문가들로 발전하게 돼.

필요한 물건을 만들어 주는 사람, 병을 치료해 주는 사람, 판결을 내리는 사람 등 다양한 직업을 가진 사람들이 모여 하나의 마을을 형성하였지.

청동기 시대를 거치며 이러한 마을들은 모이고 모여 하나의 도시로 성장하게 돼.

여러 사람이 모인 도시를 유지하기 위해서는 많은 것들이 필요했어. 오늘날 사회에도 꼭 필요한 학교, 병원, 교통수단 등이 대표적이지. 이렇듯 도시가 출현하며 이전보다 발전된 상태를 문명이라고 해. 당시 사람들은 이미 놀랄 만큼 찬란하고 우수한 문명을 갖추고 있었어. 그럼 어떤 문명들이 탄생했는지 조금 더 자세히 알아볼까?

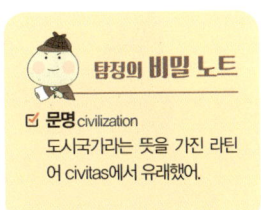

탐정의 비밀 노트

☑ **문명** civilization
도시국가라는 뜻을 가진 라틴어 civitas에서 유래했어.

만두 탐정의 아틀리에

신석기인들은 어떤 생각을 했을까?

✅ **HINT** 정착, 식량을 생산, 가축, 도시, 물물교환, 돌을 갈아

신석기 혁명

- 언제까지 이렇게 이동하며 살아야 할까? ( )해서 살고 싶어.
- 몸집이 작고 빠른 동물들과 생선을 잡기 위해 ( ) 도구를 만들어야겠어.
- 번식을 잘하고 기르기 쉬운 동물들을 ( )으로 기르면 좋겠어.
- 먹고 남은 식량은 ( ) 해 볼까?
- 자연으로부터 먹을 것을 얻는 것도 좋지만 이제는 농사를 지어 ( )해서 먹고 살래.
- 풍족한 환경으로 사람이 많아졌어. 작은 촌락이 어느새 ( )로 성장했군.

신석기인

구석기인들과 우리는 달라요. 그래서 신석기혁명이라 부르죠.

정답: (왼쪽 위에서 시계 방향으로) 정착, 돌을 갈아, 식량을 생산, 도시, 물물교환, 가축

고대 문명이 알려 주는 삶의 지혜, 메소포타미아 문명, 이집트 문명의 발달

여기 있는 점토판을 한번 봐. 쐐기 모양으로 무엇인가 적혀 있어. 이것은 수메르인들이 기원전 3500년경부터 사용했던 쐐기문자로, 신전에서 맥주 양조업자에게 적어 준 거래 장부로 추정된다고 해. "인생의 기쁨, 그 이름은 바로 맥주"라는 명언을 남긴 수메르인은 세계 최초로 맥주를 만들기도 했어.

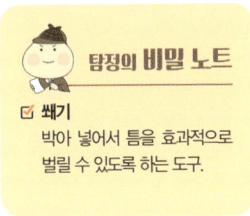

탐정의 비밀 노트

☑ **쐐기**
박아 넣어서 틈을 효과적으로 벌릴 수 있도록 하는 도구.

◀ **수메르 쐐기문자**
돈과 관련된 상세한 내용이 점토판에 새겨져 있어.

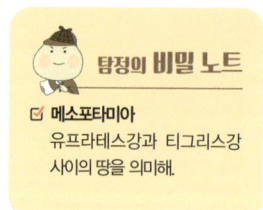

탐정의 비밀 노트

☑ **메소포타미아**
유프라테스강과 티그리스강 사이의 땅을 의미해.

인류 역사상 가장 먼저 문명을 꽃피운 것은 수메르인들이었어. 수메르인들은 비옥한 메소포타미아 지역에서 농사와 교역을 하며 성장했어. 때로는 넘치고 때로는 바짝 마르는 강물에 대응하기 위해 수메르인들은 저수지와 보 등을 설치하기도 했지. 이는 개인이 모여 할 수 없는 매우 큰 일이었어.

이러한 큰일을 효과적으로 진행하기 위해 국가가 탄생했단다. 국가는 사람들을 하나로 모아 거대한 공사를 진행시켰어. 수메르 지역 도시국가들은 끊임없는 외적의 침입으로부터 자신들의 도시를 방어하기 위해 성벽을 쌓고 청동기 무기를 만들기도 했지. 전차도 이때 등장했어.

수메르인이 이룩한 문명에서 가장 주목해야 할 부분은 이야기의 첫 부분에도 등장했던 '문자'야. 점토판에는 경제활동과 관련된 내용이 많았어. 개인의 재산을 소중하게 생각하는 것이 오늘날 사람들과 다를 바 없지?

그런데 안타깝게도 모든 것이 그러하듯 수메르 문명도 영원할 수 없었어. 쇠퇴하는 수메르를 대신해 메소포타미아 지역에는 거대 제국들이 여럿 등장했어. 바빌로니아도 그중 하

▶ 바빌로니아의 함무라비 왕

▶ 함무라비 법전
함무라비 왕은 오른쪽 의자에 앉아 있는 사람이 아니야. 왼쪽에서 신에게 법전을 건네받고 있는 사람이 함무라비 왕이란다. 함무라비 법전에는 282개의 판례조항이 담겨 있다고 해.

나야. 메소포타미아 지역을 통합하는 데 성공한 바빌로니아의 함무라비 왕은 고민이 있었어. '어떻게 하면 거대한 제국을 안정적으로 유지할 수 있을까?' 하는 것이었지. 고민 끝에 함무라비 왕은 사람들이 꼭 지켜야 할 내용들을 약 2미터 높이의 돌에 새겼어. 법은 사람들이 살면서 지켜야 할 기준을 알려 주었어.

왕의 이름을 따서 이름 붙인 함무라비 법전은 '눈에는 눈, 이에는 이'를 원칙으로 해. 잘못을 저지른 사람에게 똑같이 보복하도록 한다는 것이지. 당한 것을 그대로 갚아 준다는 함무라비 법전의 내용이 타당하게 느껴지니? 혹은 가혹하게 느껴지니?

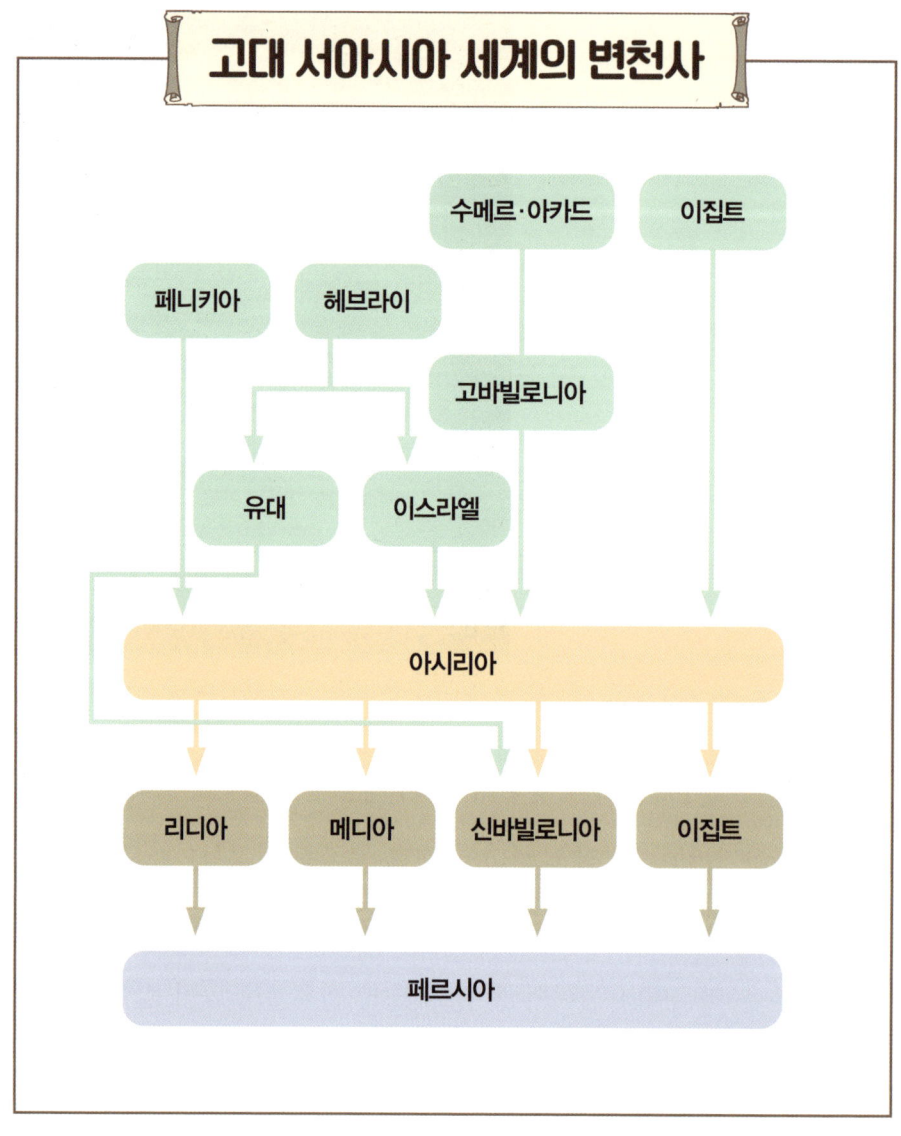

메소포타미아 문명은 수메르인과 바빌로니아인만의 문명이 아니었어. 오늘날 튀르키예 지역에서 세력을 형성한 히타이트인들은 최초로 철기

를 사용했어. 당시 청동기를 사용하던 주변 국가들에 철기를 사용하는 히타이트인들은 공포의 대상이었어.

메소포타미아 지역에는 배를 타고 항해하는 기술이 뛰어났던 페니키아인들도 있었어. 페니키아인들은 지중해를 항해하며 다른 나라와 무역을 했지. 그리고 많은 돈을 벌었단다. 그들은 자신의 재산을 보호하기 위해

▼ 고대 서아시아 국가
다양한 민족과 나라가 서로 경쟁 및 교류하며 문명이 빠르게 발달할 수 있었어.

거래한 내용을 기록으로 남기고 싶어 했어. 오늘날 계약서와 영수증 등으로 거래 기록을 남기는 것처럼 말이야. 단어 하나하나가 각각의 뜻을 가진 문자는 그 수가 너무 많아 빠르게 익히기 어려웠어. 그래서 그들은 표음문자를 만들었단다. 표음문자는 소리 나는 대로 적기 때문에 쉽고 빠르게 익힐 수 있었어. 이렇게 만들어진 페니키아 글자는 오늘날 알파벳의 기원이 돼.

마지막으로 여호와 하나님만을 믿던 히브리(헤브라이)인도 메소포타미아 지역에 살았어. 이들은 여러 신과 우상을 숭배하던 당시 주변국들과는 달리 유일신을 믿었어. 히브리인들의 유일신 사상은 훗날 크리스트교와 이슬람교에 큰 영향을 끼치게 된단다.

한편 기원전 3000년경에, 사막이 대부분인 곳에서도 새로운 문명이 꽃피게 돼. 비가 오지 않아 농작물을 수확하기도 어려운 환경에서 어떻게 문명이 발달할 수 있었을까? 세계에서 제일 긴 강으로 손꼽히는 나일강의 범람

◀ 이집트의 상형문자
이집트 상형문자와 그리스어가 함께 적힌 로제타석의 발견으로 이집트 상형문자를 해독할 수 있게 되었어.

은 주변 땅을 비옥하게 했어. 나일강이 이집트에 풍요를 선물한 거야. 이 덕분에 이집트는 고대 지중해에서 가장 많은 곡물을 생산할 수 있었단다.

　사방이 탁 트인 평원에 위치해 다른 나라의 침략을 항상 걱정해야 했던 메소포타미아인들과 달리 이집트인들은 주변이 사막과 바다로 둘러싸인 덕분에 외적의 침입을 거의 받지 않았어.

　그 때문에 이집트인들은 현재의 삶과 관련된 문제보다 죽음 이후의 삶에 대해 생각해 볼 수 있게 돼. 끊임없이 규칙적으로 범람하는 나일강을 보면서 인간의 생명 또한 영원하다고 생각했을지도 몰라. 영원한 삶을 꿈꾼 이집트인들은 시체를 미라로 만들기도 했어. 죽은 사람의 영혼이 육체에 돌아온다고 믿은 그들은 영혼이 돌아올 육체가 썩지 않도록 미라를 만들었던 거야.

　메소포타미아의 쐐기문자처럼 이집트에도 문자가 있었어. 사물의 모습을 따라 만들어졌다고 해서 이를 상형문자라고 해.

　마지막으로 이집트에는 '태양의 아들'이라 불리며 강력한 권력을 행사했던 왕, 파라오도 있었어. 그의 강력한 힘을 보여주는 대표적인 유적이 바로 피라미드지. 피라미드는 파라

▶ '태양의 아들' 파라오
파라오는 왕의 역할뿐 아니라 종교적 의무도 수행했어.

오의 무덤으로 벽돌과 돌을 쌓아 만든 거대한 건축물이야. 이집트 기자에 있는 쿠푸 왕의 피라미드는 처음 지어질 당시 높이가 약 146미터에 달했다고 해. 그들은 피라미드뿐 아니라 피라미드를 수호하기 위해 사자의 몸에 사람의 얼굴을 한 스핑크스도 함께 만들었어. 이러한 이집트의 찬란하고 신비로운 문명은 오늘날까지도 사람들을 매료시키고 있단다.

피라미드 ▼
파라오의 무덤으로만 유명한 게 아니야.
피라미드에는 피타고라스의 정리 등 수학적 원리가 담겨 있어.

만두 탐정의 아틀리에

✅ **HINT** 파라오, 쐐기문자, 폐쇄적인, 외적, 현실세계, 사후세계

메소포타미아 문명

개방적인 지리 환경으로 _____ 의 침입이 많았어.
우리는 다른 나라의 침략을 항상 걱정했기 때문에 불안하고 여유가 없어
_____ 를 더 중요시했어. 글자는 주로 _____ 를 사용했어.

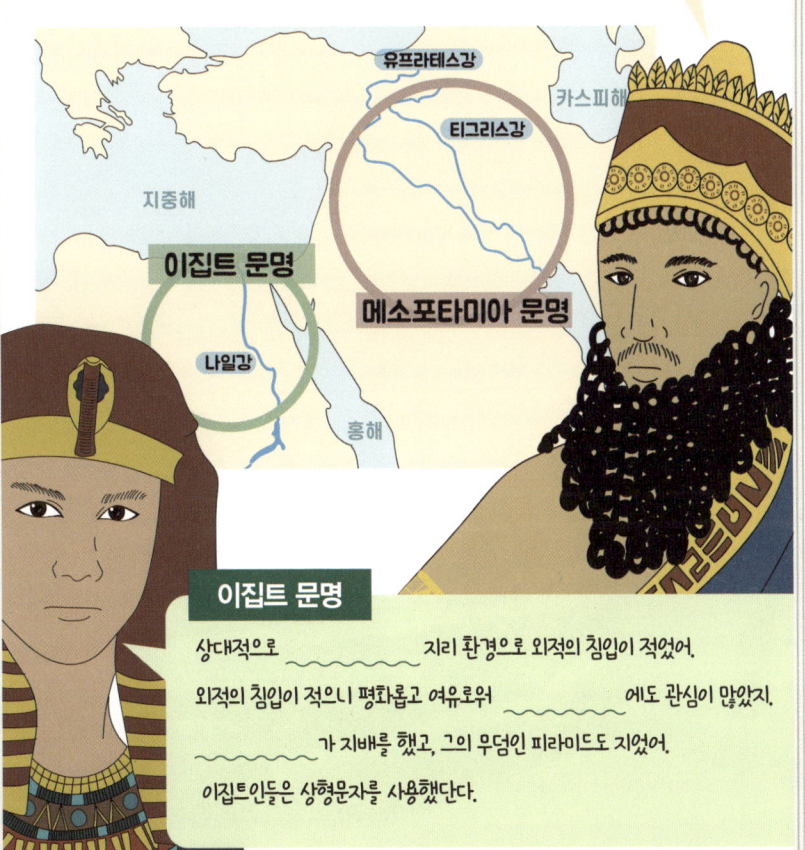

이집트 문명

상대적으로 _____ 지리 환경으로 외적의 침입이 적었어.
외적의 침입이 적으니 평화롭고 여유로워 _____ 에도 관심이 많았지.
_____ 가 지배를 했고, 그의 무덤인 피라미드도 지었어.
이집트인들은 상형문자를 사용했단다.

정답: 외적, 현실세계, 쐐기문자, 폐쇄적인, 사후세계, 파라오

 # 황하 문명과 수수께끼로 남은 인더스 문명

이곳은 어디지? 벽돌로 이루어진 세상, 여기는 모헨조다로야. 이곳은 인더스강 유역에 있어. 인더스 문명이 남긴 최대의 도시 유적인 모헨조다로로 함께 여행을 떠나 볼까?

▼ 모헨조다로
죽은 자의 언덕이라는 뜻으로, 발굴 당시 뼈와 유물이 발견된 무덤이 많아 붙여진 이름이야.

여기 도로가 일자로 시원하게 뻗어 있어. 고대 도시의 길은 꼬불꼬불할 것 같은데 신기하지? 길을 따라가다 어디론가 가는 한 무리의 사람들을 만났어. 그들이 어디로 가는지 궁금하여 따라가 보니 세상에 여기는 목욕탕이잖아!

고대에 이렇게 좋은 목욕탕이 있다니! 질서 정연하게 늘어선 집들은 놀랍게도 화장실을 모두 갖고 있어. 놀라지 마시라. 도시에는 상하수도 시설과 곡물창고까지 있어. 고대 도시에 이러한 시설들이 갖추어져 있다니 놀랍지 않니?

이건 뭐지? 아래 동물의 모습이 들어간 도장을 봐. 글자도 함께 있어. 무슨 내용인지 궁금하지만 아쉽게도 아직 이 글자를 해독할 수 없어. 그들은 어떤 기록을 남긴 걸까? 문자를 해독하게 되는 날, 모든 게 수수께끼 같은 인더스 문명을 더 잘 이해할 수 있을까?

▼ 인장문자
다른 문자와 비슷한 점이 없어 해독이 어렵다고 해.

이렇듯 고도로 발달한 인더스 문명은 1000년간 번영을 누리다가 갑자기 멸망하게 돼. 이유는 정확하지 않아. 자연재해 때문이라는 얘기도 있고 다른 민족의 침입을 받아 멸망했다는 얘기도 있는데, 다른 민족의 침입을 받아 멸망했다는 설에 대해 좀 더 자세히 설명해 줄게.

아래 지도에서 인도의 자연환경을 함께 볼까? 인도 북쪽에 히말라야산맥, 남쪽에 데칸 고원이 있는 게 보이지? 거대한 두 지형 사이에는 힌두스

▼ 인더스 문명과 갠지스 문명
인더스 문명은 드라비다인이 세운 문명으로 모든 시설을 벽돌로 지었어.
아리아인은 갠지스 유역까지 진출한 후, 카스트제도를 만들었어.

◀ 인도 아리아인(좌)과
인도 선주민의 후예 드라비다인(우)
인도의 북쪽에 살던 사람들은
아리아인과 많이 섞여
선주민과 다른 모습을
하게 되었어.

탄 평원이 자리하고 있어. 갠지스강과 인더스강 유역의 비옥한 땅은 농사를 짓기에 아주 유리했어. 사람들은 풍요로운 이곳으로 모여 도시를 형성하였지.

그러던 인도의 역사가 중앙아시아 초원에서 건너온 민족으로 인해 크게 뒤바뀌게 돼. 피부가 희고 체격이 큰 아리아인은 중앙아시아 초원에서 인더스강 유역으로 점차 내려와 자리를 잡았는데, 시간이 흘러 철기를 사용하는 아리아인이 청동기를 사용하는 인도의 원주민을 쫓아내고 인도를 차지해 버린단다.

이때 인더스 문명도 멸망했다는 얘기가 있지.

다른 문명과 마찬가지로 중국에서도 물줄기를 따라 문명이 발달하게 돼. 황하의 비옥한 토지 위에서 상나라는 문명을 발달시킬 수 있었어. 오랫동안 상나라(은나라)는 전설 속의 나라였어. 하지만 상나라의 수도였던 은허 터가 발견되면서 상나라는 전설이 아닌 역사로 인정받게 돼. 유적지에서는 거북이의 등껍질과 동물의 뼈에 새겨진 글자가 발견되었어.

이를 갑골문자라고 한단다. 수메르인의 점토판처럼 현실적인 내용이 적혀 있었을까? 아니야. 갑골문자는 점을 보는 용도로 사용되었어.

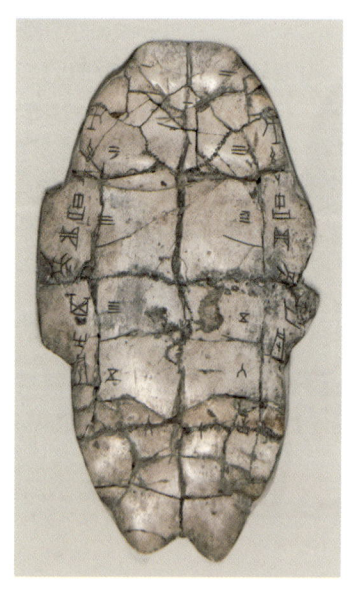

▲ 갑골(甲骨)문자
거북이의 등껍질(甲)과 동물의 뼈(骨)에 새겨진 글자라는 의미야. 한자의 가장 오래된 형태이기도 해.

고대에는 과학이 오늘날만큼 발달하지 못해 미신이 유행했어. 정치와 제사를 모두 담당했던 상나라의 왕은 점괘를 통해 중요한 일을 결정하곤 했어. 점괘는 어떻게 봤을까? 그들은 먼저 물어보고 싶은 내용을 거북이의 등껍질이나 동물의 뼈에 글자로 새겼어. 그리고 뒷부분에 불을 붙였지. 이후 불로 갈라진 모양을 보고 그들은 하늘의 뜻을 판단했단다.

모든 역사가 그러하듯 고도의 청동기 문명이 발달했던 상나라도 후에 새롭게 힘을 키운 주나라에 밀려 역사에서 사라지게 돼.

앞에서 물줄기를 따라 사람들이 농사를 짓고 문명을 만들었다고 했지?

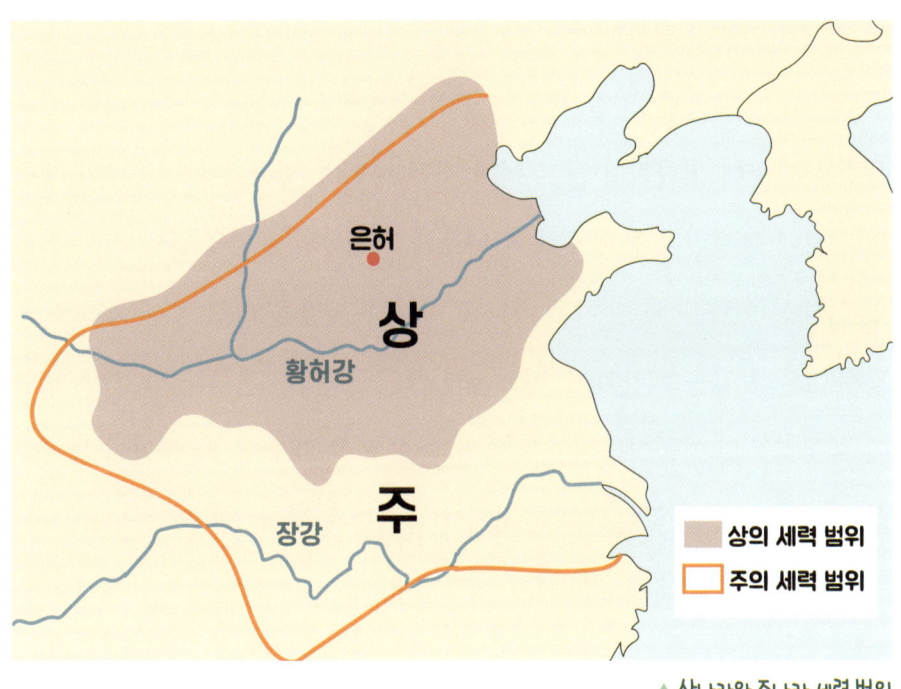

▲ 상나라와 주나라 세력 범위

☑ 문명과 문화의 차이
문명은 물질적인 발전, 문화는 정신적인 발전으로 서로 비교할 수 있어.

이렇게 농경문화를 바탕으로 세워진 모든 문명이 농사짓던 사람들만의 것이었을까? 아니야. 따뜻한 곳에서 농사를 짓던 사람들은 자신들이 이룩한 문명을 북쪽의 유목민으로부터 지켜내야 했어. 유목민이 누구냐고?

유목민은 북쪽의 척박한 땅에서 사는 사람들이야. 풀만 자라는 땅에서 그들이 생존을 위해 선택한 방법은 무엇일까? 그건 소나 양 그리고 말 등의 동물을 기르는 것이었어. 그런데 동물들이 거주하던 곳의 풀을 다 뜯어 먹으면 어떻게 될까?

간단해. 동물들을 먹일 새로운 풀을 찾으러 이동하는 거야. 이렇게 유목민은 한곳에 정착하지 않고 여러 곳을 다니며 생활했어. 이동하며 생활하다 보니 유목민은 농경 민족과 다르게 자신들의 문명을 발달시킬 수 없었지. 대신 이들은 빠른 이동 속도를 자랑하는 말을 타고 농경 국가를 공격해 그들의 것을 빼앗았어. 평화롭게 살던 농경민들은 특정한 거주지 없이 이곳저곳을 떠돌아다니며 침입하는 유목민 때문에 늘 불안에 떨어야 했지. 농경 민족을 약탈하는 과정에서 유목민은 농경 민족의 문명을 자연스레 받아들이며 더 큰 세력으로 성장하게 돼.

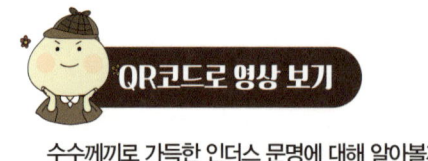

수수께끼로 가득한 인더스 문명에 대해 알아볼까?

만두 탐정의 아틀리에

기원전 2600년부터 기원전 1900년까지 파키스탄 및 인도의 북서부 일대에서 사용된 문자야. 안타깝게도 아직까지 완전히 해독되지 못하고 있어.

주로 코끼리, 호랑이 등 동물이 새겨져 있는데, 여신이나 상상의 동물도 새겨져 있어. 이 도장에는 유니콘이 새겨져 있네.

만두의 한마디
인장은 3~4cm의 정사각형 도장으로, 물건을 거래할 때 물건의 주인이 누구인지 표시하는 용도로 사용했으리라 추측돼.

발견! 역사 노트

☑ HINT 모헨조다로, 아리아인, 인더스, 갑골문자, 황하

_____ 문명

- 인더스 문명이 남긴 최대의 도시 유적인 _____ 에는 목욕탕, 화장실, 상하수도 시설 등 발달된 문명의 흔적이 남아 있어.
- 1000여 년의 번영을 누린 인더스 문명은 중앙아시아 초원에서 건너온 _____ 의 침입에 의해 멸망하였어.

_____ 문명

- 거북이의 등껍질과 동물 뼈에 새긴 글자인 _____ 는 주로 점을 볼 때 사용했어.
- 잔인한 풍습으로 인해 백성들의 지지를 잃고, 이후 등장한 주나라에 의해 멸망했어.

정답: 인더스, 모헨조다로, 아리아인, 황하(황허), 용한, 갑골문자

신화를 통해 알아보는 서양 문화의 뿌리, 크레타

바다를 장악하는 자는 늘 세상을 지배하였어. 이상하지? 사람들은 주로 땅에서 사는 데 왜 역사에서 바다가 그리 중요한 걸까?

▼ 에게 문명
미케네는 트로이와 크레타를 물리치고 에게해의 패권을 장악해.

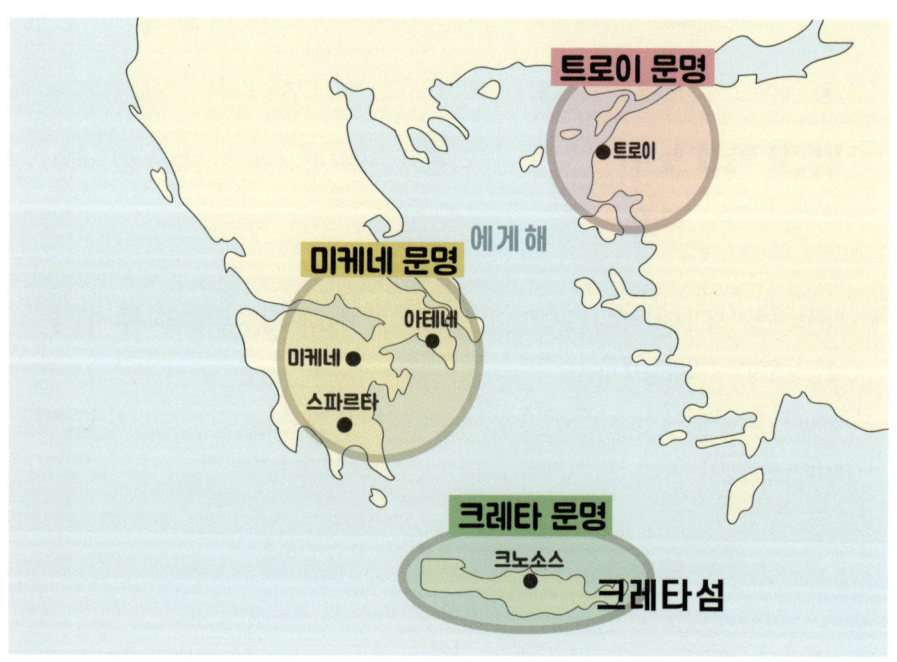

그리스는 바다를 통해 메소포타미아와 이집트의 찬란한 문화를 빠르게 접할 수 있었어. 메소포타미아와 이집트 문명은 그리스에 좋은 스승이었지.

당시에는 사람이 직접 노를 저어 배를 이동시켰어. 그 때문에 당시 사람들은 한 번에 바다를 건너지 않고 중간 지점에 들렀다 다시 목적지로 향하곤 했는데, 당시 항해하는 사람들이 잠깐 머무르는 그 중간 지점이 바로 크레타섬이었어. 크레타는 섬에서 나는 재료들로 값비싼 올리브유와 포도주를 만들어 에게해 주변과 이집트 등 여러 나라에 판매하였지. 크레타의 항구는 교통의 중심에 있는 덕분에 항상 온갖 배들로 가득했어.

그렇게 크레타는 해상무역을 통해 문명의 중심지로 거듭날 수 있었어.

그 당시 화려했던 크레타 문명을 느껴보고 싶다면 크레타에 있는 크노소스 궁전을 봐야 해. 이곳은 놀랍게도 상하수도 시설을 이미 갖추고 있었어. 상하수도 시설은 문명이 얼마나 발전했는지를 보여주는 지표로, 크레타 문명의 놀라운 수준을 잘 보여줘.

크레타에서 발달한 문명은 그리스·로마 신화에 등장하는 왕의 이름을 따서 미노스 문명이라고 해.

실제로 있었던 왕이냐고? 신화에 나오는 이야기를 그대로 믿는 사람은 오늘날에 없을 거야. 하지만 신화가 어느 정도의 사실을 바탕으로 쓰였다면 어떨까? 지금부터 미노스 왕과 관련된 신화를 들려줄게.

크레타의 왕, 미노스는 어떠한 이유로 바다의 신 포세이돈의 미움을 사게 돼. 미노스를 벌하기 위해 포세이돈은 미노스의 아내에게 주문을 걸어

▲ 크노소스 궁전
궁전 내부는 꽃과 인물의 그림으로 장식되어 있었어.
게다가 이곳에는 놀랍게도 수세식 화장실도 있었어.

소와 사랑에 빠지게 했지. 이후 미노스의 아내는 반은 사람이고 반은 소인 괴물을 낳았는데 그가 바로 전설의 미노타우로스야.

미노스는 아들의 괴상한 모습에 놀랐지만 차마 죽일 수 없었어. 그래서 미노타우로스를 미로에 가두고 먹을 것을 넣어 주었지. 미노타우로스의 먹이는 아이들이었어. 크레타의 아이들이 아닌 그리스 본토의 아이들이 미노타우로스의 먹이로 바쳐졌지.

앞에서 신화는 어느 정도의 사실을 바탕으로 만들어진다고 했지? 어떤 사실이 이 신화 속에 숨겨져 있는 걸까?

▶ **미노타우로스와 싸우는 테세우스**
실을 풀면서 미로에 들어간 테세우스는 미노타우로스를 물리치고 다시 실을 따라 밖으로 나왔어.

실제 크레타에는 사람을 제물로 바치는 풍습이 있었다고 해. 그리스 본토의 아이들이 미노타우로스의 제물로 바쳐진 것을 보아 당시 크레타의 힘이 그리스 본토보다 강력했다는 것도 신화를 통해 알 수 있어.

신화는 그리스의 영웅 테세우스가 크레타의 미노타우로스를 무찌르는 것으로 끝이 나는데, 이를 통해 우리는 시간이 흘러 그리스 본토의 힘이 크레타의 힘을 뛰어넘게 됨을 알 수 있어.

실제로 기원전 1400년경 그리스 본토 사람들은 테세우스가 미노타우로스를 무찔렀듯이, 크레타섬을 공격하여 크레타 문명을 멸망시켜 버린단다.

인간과 소 사이에서 괴물이 태어났다고?
여기엔 어떤 이야기가 숨겨져 있을까?

만두 탐정의 아틀리에

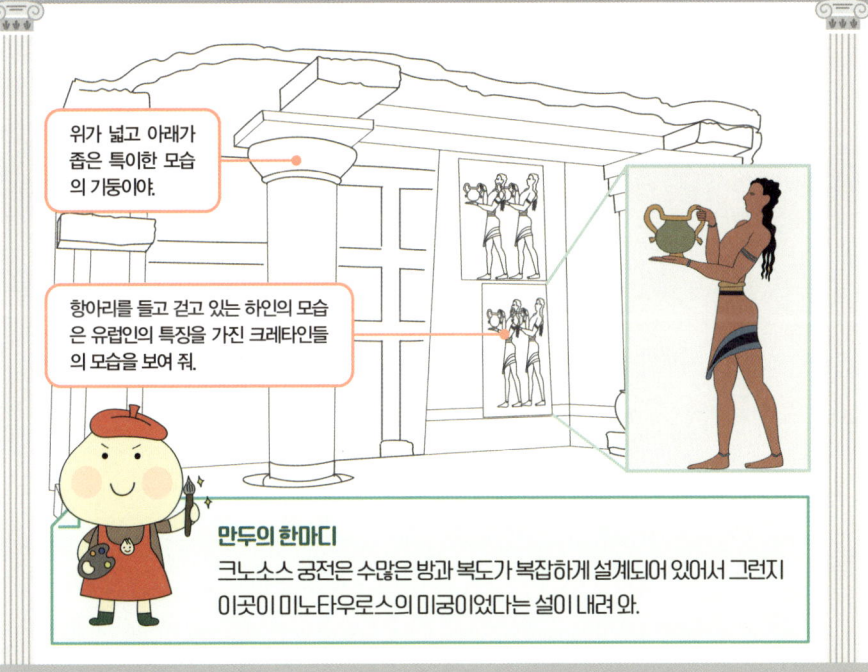

위가 넓고 아래가 좁은 특이한 모습의 기둥이야.

항아리를 들고 걷고 있는 하인의 모습은 유럽인의 특징을 가진 크레타인들의 모습을 보여 줘.

만두의 한마디
크노소스 궁전은 수많은 방과 복도가 복잡하게 설계되어 있어서 그런지 이곳이 미노타우로스의 미궁이었다는 설이 내려 와.

발견! 역사 노트

☑ HINT 크레타, 교통, 상하수도, 크노소스

문명

· 크레타 섬은 많은 나라들이 목적지로 가기 위해 한번 쉬는 중간 지점이었어. 그야말로 _____의 중심에 위치하였지.
· 섬에서 나는 재료들로 올리브유와 포도주를 만들고 이를 주변 나라로 수출하였어.

궁전

_____ 시설은 이 문명이 얼마나 발달했는지를 알려 줘. 복잡한 미로같은 방 설계는 미노타우로스 신화와 연결되어 있어.

정답: 교통, 크레타, 올라, 크노소스, 상하수도

지배하느냐, 지배당하느냐?
고대 제국의 탄생

B.C. 671년
아시리아 오리엔트 통일

B.C. 480년
테르모필레 전투, 살라미스 해전

B.C. 264년
포에니 전쟁

B.C. 700 — B.C. 500 — B.C. 300

B.C. 559년
아케메네스 왕조 페르시아 탄생

B.C. 333년
이수스 전투

스파르타는 강력한 군사력으로 역사에 이름을 남겼어. 고대에는 스파르타와 같이 강한 군사력을 가진 나라들이 많았지. 이들은 주변을 정복하고 통일된 제국을 세웠어. 제국의 황제는 절대적인 힘을 행사했지. 고대 제국은 어떻게 탄생하고 성장했을까?

A.D. 330년
콘스탄티누스 황제 수도 천도

B.C. 100 — A.D. 100 — A.D. 350

B.C. 27년경
로마 제정 성립, 아우구스투스 초대 황제

달라도 너무 달랐던 두 강대국, 아시리아와 페르시아

▲ 아슈르바니팔
당대의 다른 왕들과 다르게 어려운 문자를 스스로 해독할 수 있을 정도로 머리가 좋았어.

누군가 힘차게 활을 잡아당기고 있어. 사자 사냥은 아시리아에서 왕의 스포츠로 여겨졌는데, 그럼 이 사람은? 맞아. 부조로 새겨진 이 인물은 아시리아의 왕 아슈르바니팔이야.

아시리아는 갑옷과 투구를 철로 만드는 등 꾸준히 무기를 개발하여 군사 강국으로 거듭나게 돼. 정식 부대 외에 전쟁에 언제든 투입할 수 있는 상비군을 따로 운영한 것도 아시리아의 강력한 무기였지. 아시리아의 강력한 군사력 앞에 이웃의 많은 나라와 민족이 무릎을 꿇었어.

아시리아의 시대는 오래갔을까? 아니야. 아시리아는 힘들게 얻은 지역

▲ 아시리아와 페르시아 영역

을 효율적으로 관리하지 못하였어. 아시리아의 지배에 불만을 가진 사람들이 곳곳에서 반란을 일으켰기 때문이야. 아시리아의 지배 방식이 어땠길래 곳곳에서 반란이 일어난 걸까?

아시리아는 상당히 잔인한 방법으로 자신들이 차지한 지역을 통치했어. 그 방식이 너무 잔인해서 책에 적기도 힘들 정도야. 아시리아의 강압적인 통치는 많은 민족과 나라의 원망을 샀어. 물론 아시리아는 반란으로 바로 무너지진 않았어. 군사력이 최강이었던 아시리아가 몇 차례의 반란에 쉽게 무너질리 없었지. 하지만 반란은 끊임없이 일어났고 결국 국력이 약해진 아시리아는 역사에서 사라지게 돼.

▲ 키루스 원통
정복자든 피정복자든 인간이라면 누구나 권리가 있다는 인권 선언 내용이 적혀 있어.

여기 원통 모양의 비석에 글자가 새겨져 있어. 키루스의 원통이라 불리는 이 원통에 적힌 글은 당시 사람들에게 큰 충격을 주었단다. 원통에는 어떠한 내용이 적혀 있었을까?

키루스가 태어날 당시 메디아는 신바빌로니아와 함께 세력이 큰 강한 나라 중 하나였어. 메디아의 왕은 자신의 딸이 낳은 아이가 자신을 몰아내고 왕이 된다는 신탁을 듣고 부하를 시켜 손자를 죽이라고 명했어. 하지만 마음이 약해진 부하는 아기를 죽이지 못하고 소치기에게 일을 대신 맡겼어. 소치기 또한 차마 아이를 죽일 수 없었어. 그래서 그는 왕의 부하에게 거짓 보고를 하고 자신이 아이를 대신 키우게 된단다. 눈치 챘겠지만 이 아기가 바로 키루스야. 영특한 키루스는 자라서 메디아의 왕의 눈에 띄

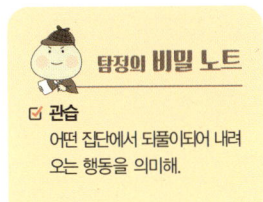

탐정의 비밀 노트
☑ **관습**
어떤 집단에서 되풀이되어 내려오는 행동을 의미해.

게 돼. 키루스가 범상치 않음을 발견한 메디아의 왕은 소치기에 물어 키루스가 사실 자신의 손자임을 알게 돼. 이후 손자인 키루스가 더는 자신에게 위협이 되지 않는다는 신탁을 확인한 메디아의 왕은 키루스에 대한 의심을 거두게 되지.

이후 아버지의 나라 페르시아로 돌아간 키루스는 할아버지에게 불만을 품은 귀족들과 힘을 합해 할아버지를 몰아내게 된단다. 처음 신탁이 맞았던 거야. 메디아를 정복한 키루스는 기세를 몰아 현재의 서아시아 일대 전체를 정복하게 돼. 당시 세상은 피정복자들에게 상당히 가혹했어. 정복자들은 피정복자들을 노예로 삼고 그들의 자유를 빼앗았지.

나라를 빼앗기는 순간, 인간다운 삶을 포기해야 했던 거야.

하지만 이 원통의 주인인 페르시아의 키루스는 이전의 정복자들과 달랐어. 키루스는 자신이 정복한 나라의 관습과 종교 등을 인정해 주었어. 벨사살 왕이 다스린 신바빌로니아를 정복한 키루스가 신바빌로니아에 끌려온 유대인을 해방시키고 예루살렘에 성전을 짓게 했다는 기록은 『성경』에서도 확인할 수 있지. 키루스는 사람을 노예로 함부로 부리는 대신 정당한 대가를 지불하고 노동력을 얻고자 했어. 인권을 중요시

▼ 키루스

▲ 존 마틴, 〈벨사살 왕의 연회〉
벨사살 왕은 꿈 해몽과 예언 능력이 뛰어난 다니엘을 불러 벽에 쓰인 글자를 해석하게 했어.

한 키루스의 생각은 키루스의 원통에 잘 담겨 있단다.

키루스의 이러한 관용적인 정책은 페르시아를 대제국으로 이끌게 돼.

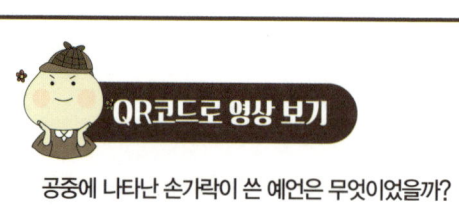

QR코드로 영상 보기

공중에 나타난 손가락이 쓴 예언은 무엇이었을까?

만두 탐정의 아틀리에

"통치하는 날은 이미 끝났다. 왕이 부족하니 왕의 나라가 둘로 갈라지리라"라고 적혀 있어. 예언대로 벨사살 왕은 그 날 밤 살해당했어.

궁전 뒤편으로 둥근 모양의 바벨탑과 네모난 탑 같은 지구라트가 보여.

벨사살 왕은 놀라고 두려운 얼굴을 하고 있네.

중앙에 검은 옷을 입은 다니엘이 좌측 궁 벽에 새겨진 빛나는 글자를 보면서 해석하고 있어.

궁 안에 있는 사람들이 모두 두려움에 사로잡혀 있어. 놀라 쓰러진 사람도 보이는구나.

만두의 한마디
화려하고 사치스러운 연회 열기를 좋아했던 신바빌로니아의 벨사살 왕은 그날 밤, 페르시아의 키루스 대왕에게 습격당해 최후를 맞이해.

발견! 역사 노트

☑ HINT 강압적인, 키루스, 군사 강국, 인권

아시리아

· 아시리아는 철로 만든 갑옷과 투구를 개발하는 등 꾸준히 무기를 개발한 끝에 _____ 으로 거듭났어.

· 아시리아의 _____ 통치는 많은 민족과 나라에 원망을 샀고 반복된 반란에 결국 아시리아는 멸망하고 말아.

페르시아

_____ 는 자신이 정복한 나라의 관습과 종교 등을 인정해 주었고, _____ 을 중요시한 그의 생각은 키루스의 원통에 잘 담겨 있어.

강한 자만이 살아남는다
중국 최초의 황제 등장

만리장성은 우주에서도 보인다는 우스갯소리가 있을 정도로 엄청난 규모를 자랑해. 그리고 중국 병마용갱 또한 그 규모가 엄청나. 실물에 가까운 크기의 병사와 말 모형은 여전히 지하에서 그들의 황제를 지키고 있지. 상당히 많은 사람이 투입되었을 것으로 예상되는 만리장성과 병마용갱의 제작은 단 한 사람의 명령으로 이루어지게 돼. 중국 최초의 통일 국가를 수립하고 처음 황제의 자리에 오른 남자, 강력한 권력을 행사한 그는

◀ 병마용갱
농부가 우물을 만들기 위해 땅을 파던 중 발견했어. 병사의 표정과 얼굴 등이 각기 다르게 표현되어 있어.

▲ 춘추전국 시대
100개 이상의 제후국 중 강력했던 다섯 제후(패자)를 춘추 5패라고 해.
전국 7웅은 중국의 패권을 두고 다툰 7개의 제후국을 의미해.

과연 누구일까?

중국에는 "천하는 나뉘어 있으면 반드시 합쳐지고, 합쳐 있으면 반드시 나뉜다"라는 말이 있어. 중국의 역사는 분열과 통일의 반복이었지.

상나라를 몰아낸 주나라는 영토를 조금씩 넓혀갔어. 그런데 주나라는 드넓은 영토를 관리할 힘이 없었단다. 그래서 주나라 왕은 영토를 나누어, 친척이나 나라를 세우는 데 공이 컸던 신하에게 주고 그곳을 다스리게 했지. 그리고 자신은 나라의 가운데 땅을 다스렸어. 이렇게 왕에게 영토와 그 지역을 다스릴 권력을 부여받은 사람들을 '제후'라 하고, 이러한 통치제도를 '봉건주의'라고 해.

왕에게 영토를 하사받은 제후들은 왕실에 세금을 내고 왕이 필요로 할 때 군대를 보내며 자신의 의무를 다했어. 그리고 자신의 영토에서는 왕과 다름없는 권력을 행사했지. 그러나 주나라가 쇠퇴하기 시작하자 제후들은 주나라를 외면하고 독자적인 세력을 형성하게 돼.

제후국들은 나라의 이익을 위해 힘을 합치기도 하고 서로 경쟁하기도 하였는데, 이 시기를 춘추전국 시대라고 한단다.

왕이 된 제후들은 나라를 강하고 부유하게 만들어 줄 인재를 필요로 했어. 혼란스러운 시대에는 실력만이 그 시대에 살아남을 유일한 힘이었지. 이때 혼란한 세상을 바로잡기 위해 자신들의 학문과 사상을 펼치는 사람들이 등장했어. 이들은 제자백가라 불렸는데 인과 의를 강조한 공자와 맹자, 법에 따른 통치를 주장한 상앙과 한비자, 자연의 순리를 따라야 한다고 주장한 노자와 장자 등이 있어.

진(秦)나라는 제자백가의 여러 사상 중 상앙의 법가 사상을 받아들이게 돼. 당시 사람들은 법에 따라 생활하는 것이 익숙하지 않았어. 법보다는 지금까지 살던 방식대로 사는 것에 익숙했지.

하지만 상앙이 작은 일도 법에 따라 시행하는 것을 확인한 진나라 사람들은 벌을 피하고 보상을 받기 위해 법에 따라 생활하기 시작했어. 강력한 법 아래 진나라의 개혁은 여러 부분에서 빠르게 이루어졌어. 그 결과 다른 나라를 두렵게 할 정도로 진나라의 힘은 막강해지게 된단다.

▶ 진시황제
진시황제의 아버지가 진나라 장양왕이 아닌 당시 재상이던 여불위였다는 얘기가 있어.

그리고 훗날 진시황제로 불리는 영정이 기원전 246년, 13세의 나이로 진나라의 왕위에 오르게 돼. 영정은 막강한 힘을 바탕으로 6국을 정복하고 중국을 통일했어. 이후 영정은 자신의 권위를 드높이기 위해 최초로 황제라는 칭호를 사용하였단다. 진나라 최초의 황제, 진시황제의 등장이었어. 진시황제는 자기 가족을 각 지역의 왕으로 임명하는 대신 각 지역에 관리를 파견해 그 지역을 관리하게 했어. 지방으로 파견된 관리들은 중앙정부의 엄격한 감시를 받고 황제의 명에 따라 교체될 수도 있었지. 이러한 중앙통치제도를 통해 진시황제는 강력한 권력을 행사했어. 그런데 진시황제의 통치 아래 있던 진나라 백성들은 행복했을까?

탐정의 비밀 노트
☑ 유생
공자와 맹자의 학문을 공부하는 사람들이야.

아니야. 그렇지 않았어. 진시황제는 자신의 강력한 권력을 유지하기 위해 공포 정치를 시행했어. 자신을 비난하는 유생들을 땅에 묻고 책들을 모아 불태웠지. 이를 분서갱유라고 해.

이뿐 아니라 만리장성과 아방궁을 쌓는 등 무리한 토목공사를 벌여 백성들을 힘들게 했어. 진나라의 가혹한 법 또한 백성들의 숨통을 옥죄었지. 이에 진시황제와 진나라에 대한 백성들의 불만은 점차 쌓여만 갔어.

그러던 중 순행 길에 나선 진시황제가 병에 걸려 죽게 돼. 순행 길에 함께 있던 진시황제의 신하 이사는 진시황제의 죽음이 알려지면 전국적으로 반란이 있을 것이라 예상하여 진시황제의 죽음을 비밀로 했어. 하지만 때는 여름이라 시체 썩는 냄새가 심하게 났지. 이를 감추기 위해 이사는 절인 생선을 진시황제의 마차에 올려두었어. 사람들이 냄새의 원인을 썩은 생선 때문이라 생각하게 말이야.

그렇게 살아서 강력한 권력을 행사하던 진시황제는 제대로 된 장례도 치르지 못하고 생선과 함께 궁궐로 돌아오는 비참한 최후를 맞이하게 돼. 진시황제가 죽고 진나라가 얼마 안 가 멸망하며 진시황제가 힘겹게 통일한 중국은 다시 분열돼.

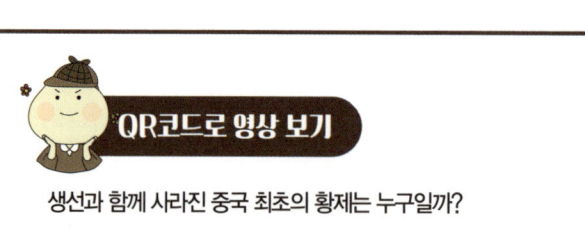
생선과 함께 사라진 중국 최초의 황제는 누구일까?

만두 탐정의 아틀리에

중국 최초의 황제, 진시황제

① 상나라를 몰아낸 주나라의 영토는 점차 확대되었는데…

"제후들에게 땅을 주고 다스리라고 하자."
— 주나라 왕

② 주나라 힘이 약해지자, 100개 이상의 제후국들이 경쟁했어.

춘추전국 시대

③ 혼란한 세상을 바로잡으려 자신들의 학문과 사상을 펼치는 사람들이 등장했어.

"인재 1번 공자입니다. 저는 인과 예로써 나라를…"

 공자  상앙  노자

진나라는 제자백가 중 상앙의 법가 사상을 받아들이게 돼.

④ 기원전 246년, 13세의 나이로 진나라 왕위에 오른 진시황은 중국을 통일하고 진시황제에 올라.

"강력한 권력을 유지하기 위해 공포 정치를 시행했지."

"나를 비난하는 유생들을 묻고, 유학 서적을 불태워라!"

⑤  무리한 토목 공사와 가혹한 법으로 불만이 쌓이는 백성들…

⑥ 그러던 중 순행 길에 나선 진시황제가 병에 걸려 죽게 돼. 반란 때문에 진시황제의 죽음은 비밀이 되고… 냄새를 감추기 위해 황제는 생선과 함께 궁궐로 돌아오게 돼.

동양과 서양의 첫 충돌, 영화 <300> 제대로 보기

'스파르타 교육'이란 말을 들어 본 적 있니? 엄격하고 강압적인 교육을 의미하는 이 말은 그리스의 도시국가 중 하나인 스파르타에서 유래했어.

도시국가가 뭐냐고? 쉽게 말해 하나의 도시가 국가인 거야.

그리스에는 무려 1천여 개의 도시국가가 있었지.

그리스는 다른 고대 국가들과 달리 왜 통일된 국가가 아닌 작은 도시국가들로 나뉘어 있었을까? 첫 번째 이유는 그리스의 자연환경에 있어. 그리스의 험준한 산들은 그리스 각 지역을 자연스레 나누었지. 두 번째로는 그리스인들의 폐쇄성에 있어. 그리스인들은 다른 나라 사람들을 쉽게 받아들이지 않았는데, 앞에서 언급한 스파르타는 이 부분에서 특히 심했지.

탐정의 비밀 노트
☑ 헬롯
스파르타인에 정복된 국가 소유의 노예.

스파르타는 자신들이 정복한 땅에 살던 원주민, 헬롯을 인간으로 취급하지 않았어. 스파르타인들은 아무런 이유 없이 헬롯을 괴롭히거나 죽여도 처벌을 받지 않았지. 이러한 폐쇄적인 법

▶ **스파르타군**
7세가 되면 집단 합숙 훈련을 받으며 강한 군인으로 성장했어.

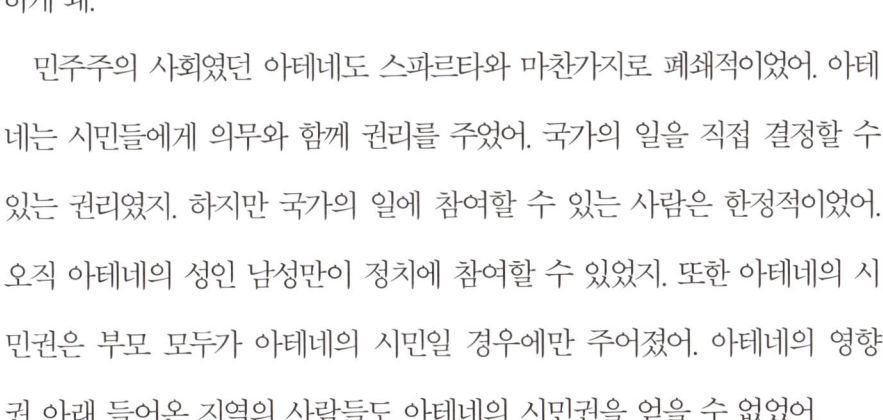

이외에도 스파르타만의 특이한 제도가 있었어. 개인의 행복보다 국가 전체의 행복을 중요하게 여긴 스파르타는 남자들을 어린 시절부터 군사적으로 철저히 훈련시켰어. '스파르타 교육'이란 말은 여기서 나온 거지. 그 결과 스파르타군은 그리스에서 가장 강한 군대로 성장하게 돼.

　민주주의 사회였던 아테네도 스파르타와 마찬가지로 폐쇄적이었어. 아테네는 시민들에게 의무와 함께 권리를 주었어. 국가의 일을 직접 결정할 수 있는 권리였지. 하지만 국가의 일에 참여할 수 있는 사람은 한정적이었어. 오직 아테네의 성인 남성만이 정치에 참여할 수 있었지. 또한 아테네의 시민권은 부모 모두가 아테네의 시민일 경우에만 주어졌어. 아테네의 영향권 아래 들어온 지역의 사람들도 아테네의 시민권을 얻을 수 없었어.

　당시 그리스 동쪽에서 세력을 떨치던 페르시아는 이런 그리스의 도시국

▲ 테르모필레 지형 및 살라미스섬 위치
좁은 골짜기에서 버티고 있는 그리스군에게 진격을 저지당한 페르시아군은 우회로를 찾아 공격에 성공해.

가들과 달랐어. 페르시아는 자신들의 지배 아래 있는 민족들을 끌어안았지. 페르시아는 여러 민족의 종교와 문화를 인정해 주었어.

개방적인 정책으로 거대한 제국으로 성장한 페르시아는 그리스까지 넘보게 돼. 페르시아는 그리스에 복종을 요구하였어. 그리스는 페르시아 왕의 요구를 받아들였을까? 아니야. 그들은 자유를 선택했어. 동양과 서양의 역사상 첫 충돌은 이렇게 시작돼.

▲ 다비드, 〈테르모필레 전투의 레오니다스〉

 육군이 강했던 스파르타군은 좁은 테르모필레 협곡에서 페르시아군을 막으려 했어. 스파르타군은 열심히 싸웠지만, 수적인 열세로 결국 페르시아군에 패하게 돼. 전투에 참여한 스파르타군은 그 누구도 항복하지 않고 끝까지 싸우다 모두 전사하여 역사에 이름을 남겼단다.

 한편 스파르타군을 격파하고 진격하는 페르시아군에 맞서 아테네의 테미스토클레스는 아테네 시민들을 다른 곳으로 대피시키고 살라미스 해협으로 페르시아군을 유인하게 돼.

 살라미스 해협은 배가 들어오기 힘들 정도로 좁은 곳이었어. 페르시아 함선은 좁은 해협 탓에 대형을 유지할 수 없었지. 그로 인해 대형을 갖추고 공격하는 그리스 동맹군의 공격에 페르시아는 밀리게 돼. 결국 그리스 동맹군은 자신들보다 훨씬 많은 함선을 가진 페르시아를 물리치고 전투에서 승리하게 돼.

　이 전쟁 이후 페르시아는 침체기를, 그리스는 전성기를 맞이하게 된단다.

 QR코드로 영상 보기

물러나는 법이 없던 강인한 스파르타인과 그들이 치른 전쟁은?

만두 탐정의 아틀리에

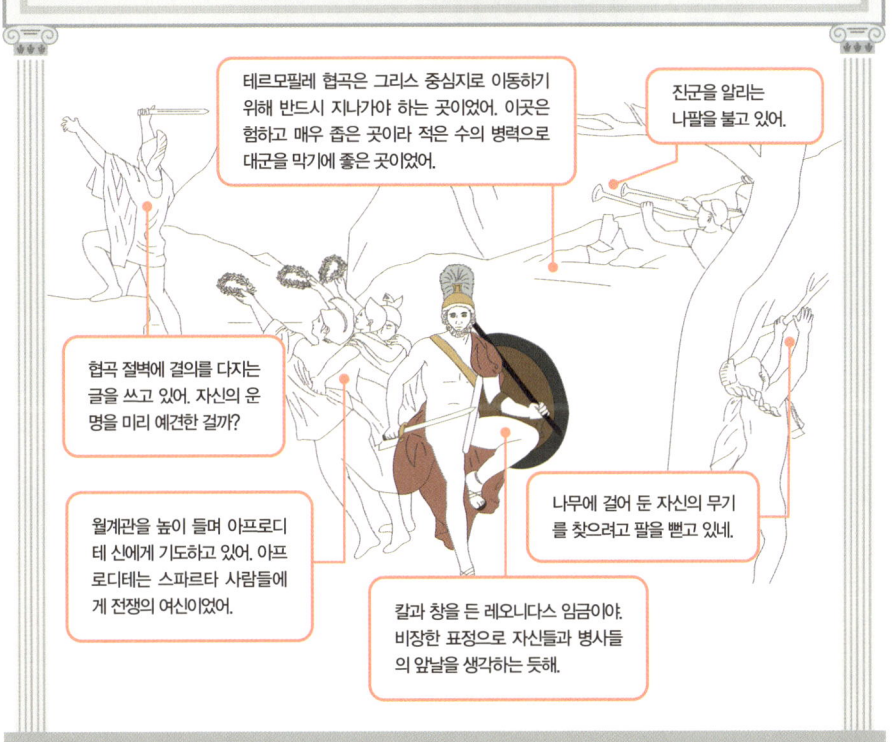

발견! 역사 노트

☑ HINT 폐쇄성, 스파르타, 아테네, 도시국가, 살라미스

그리스

- 그리스의 험준한 산들은 그리스의 각 지역을 자연스레 나누었어. 그 때문에 그리스에는 _____ 을 띤 여러 도시국가들이 출현하게 돼.
- 그리스의 대표 도시 국가로는 철저한 군사 훈련으로 육군이 강한 _____ 와 민주주의가 발달하고 해군이 강한 _____ 가 있었어.

페르시아 전쟁

그리스 연합군은 테르모필레 전투와 _____ 해전을 치르며 페르시아에 항전 의지를 보여줬어. 치열한 전투 결과, 그리스 연합군은 페르시아를 물리치게 돼.

 서양의 영향을 받은 불상이 우리나라에 있다? 알렉산더가 변화시킨 세상

아래 그림은 폼페이에서 발견된 대형 모자이크화로 이수스 전투 현장을 담고 있어. 일촉즉발의 상황에서도 투구를 쓰지 않은 채로 자신감 있게 전장을 누비는 왼쪽의 인물이 알렉산더야. 오른쪽으로 눈을 돌리면 알렉산더와 대조되는 다리우스의 모습이 보여. 도망치는 병사들 앞으로 페

▼ 〈이수스 전투〉

르시아의 왕 다리우스가 겁을 먹은 모습으로 말을 돌리고 있지. 이 전쟁은 어떻게 끝이 났을까? 이번 시간에는 막강한 권력을 가졌던 지도자, 알렉산더와 그가 승리했던 전투들에 대해 알아볼까?

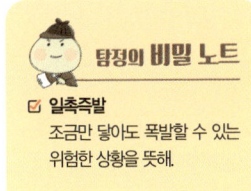
탐정의 비밀 노트
☑ 일촉즉발
조금만 닿아도 폭발할 수 있는 위험한 상황을 뜻해.

알렉산더는 마케도니아의 왕자로 태어났어. 그는 어릴 적부터 비범하였는데 이를 보여 주는 유명한 일화가 있어. 어린 시절에 알렉산더는 거칠게 날뛰는 말 한 마리를 보게 돼. 누구도 그 말을 길들이지 못했지. 그때 어린 알렉산더가 말에게 다가가 말의 눈을 손으로 가려 주었단다. 그러자 놀랍게도 말이 흥분을 가라앉히는 거야. 알렉산더는 말이 자신의 그림자를 무서워한다는 사실을 눈치채고 말의 눈을 가려 주었던 거지. 알렉산더는 자신이 길들인 말의 이름을 부케팔로스로 짓고 이후 전장을 함께 누볐어.

아들의 영특함을 알아본 필리포스 왕은 아들에게 아주 유명한 선생님을 소개해 주었어. 플라톤과 함께 서양 철학의 뿌리를 세운 아리스토텔레스였지. 왕자니까 개인 과외를 받았을 것 같다고? 아니야. 알렉산더는 친구들과 함께 공부했어. 알렉산더와 함께 아리스토텔레스의 가르침을 받은 친구들은 훗날 알렉산더의 든든한 지원군이 돼.

이후 아버지 필리포스 왕의 갑작스러운 죽음으로 스무 살의 나이에 왕위에 오른 알렉산더는 곧장 페르시아 정복에 나섰어.

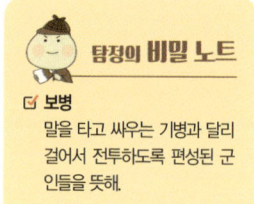

보병
말을 타고 싸우는 기병과 달리 걸어서 전투하도록 편성된 군인들을 뜻해.

페르시아 왕 다리우스는 알렉산더의 공격에 맞서 엄청난 수의 대군을 투입하였지. 병사의 숫자만 보면 알렉산더가 이기기 힘든 전투였어. 익숙하지 않은 환경도 알렉산더에게 불리한 요건으로 작용했지. 알렉산더는 도대체 무엇을 믿고 전투를 벌였을까? 알렉산더가 믿은 것은 팔랑크스였어. 사람 이름이냐고? 아니야.

팔랑크스는 투구와 갑옷을 착용한 보병들이 긴 창을 들고 밀집하여 싸우는 마케도니아군의 전술이었어. 그들이 드는 창의 길이는 어느 정도였을까? 놀랍게도 마케도니아군은 최대 6미터에 달하는 긴 창을 사용했다고 해.

한 손으로 그렇게 긴 창을 들 수는 없었겠지? 그래서 마케도니아 보병은 양손으로 긴 창을 잡고 움직였는데, 이는 적의 접근을 막는 방패 역할도 했지. 대형을 잘 유지하면 그 어떤 적도 물리칠 수 있는 전술이었어. 하

◀ **팔랑크스**
대형 유지가 핵심이었기 때문에 고도의 훈련이 필요했어.

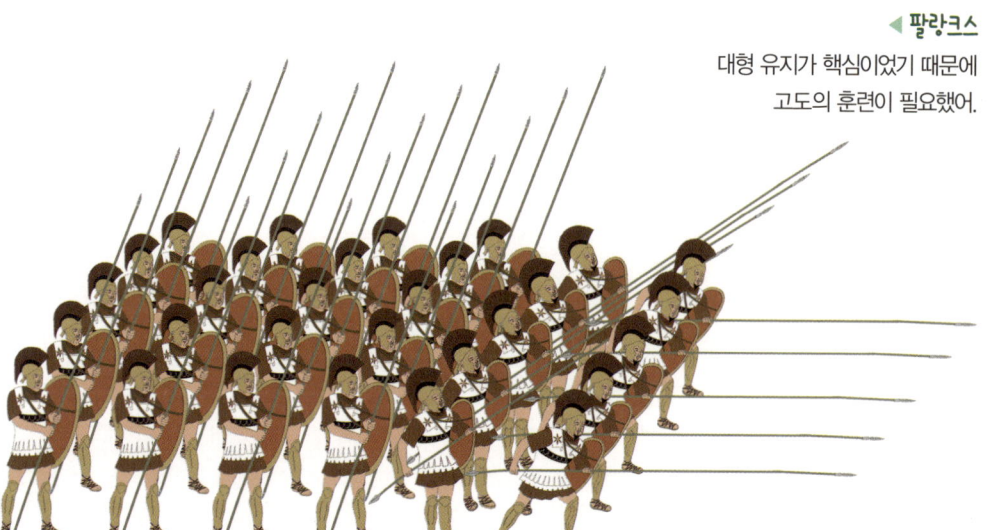

지만 약점도 있었어. 창의 길이가 길고 대형유지가 생명이었던 만큼 팔랑크스는 측면에서 다가오는 적에게 빠르게 대응하기가 어려웠어.

팔랑크스의 측면을 보호하기 위해 알렉산더 대왕은 직접 기병을 이끌고 적을 상대하였는데 이를 '헤타이로이'라고 해. 화려한 투구를 쓰고 맨 앞에 서서 군을 이끄는 자신들의 왕을 본 마케도니아군은 사기가 올라 열심히 싸웠고 결국 마케도니아군은 페르시아와의 전투에서 승리해.

이후 이어진 가우가멜라 전투에서 알렉산더는 페르시아 왕을 직접 사로잡기 위해 정예 기병대를 이끌고 페르시아 왕을 향해 돌진했어. 무모한 돌진이었어. 적들의 집중 공격에 알렉산더는 죽을 수도 있었지. 하지만 알렉산더는 끝내 다리우스 왕을 둘러싼 방어를 뚫고 다리우스 왕 근처에 이르게 돼. 이에 다리우스 왕이 놀라 도망을 치자 군대의 대형이 급격히

무너졌어.

그리고 무너진 페르시아군을 공격한 마케도니아군이 전투에 승리하며, 페르시아는 멸망하게 돼. 이제 끝이냐고? 아니야. 알렉산더의 정복 야망은 여기서 끝나지 않았어. 알렉산더는 인도까지 진출했어. 그곳에서도 마케도니아군은 승리하지만 무리한 원정에 지친 부하들이 더 이상의 진군을 거부하면서 알렉산더는 더는 정복을 이어나갈 수 없게 돼. 그러다 젊은 나이에 알렉산더는 갑작스런 죽음을 맞이하게 된단다. 영웅의 허망한 최후였지.

알렉산더는 그리스부터 이집트, 그리고 인도에 이르는 광활한 대제국을 건설하였어. 알렉산더제국을 통해 동양과 서양의 문화는 하나로 융합

◀ 석굴암
'젖은 옷 양식'이라 불리는 얇고 섬세한 옷을 본존불에서 확인할 수 있어.

될 수 있었지. 동서양 문화의 융합은 이후 건축이나 여러 학문에 큰 영향을 끼치게 돼.

알렉산더 대왕이 정복 전쟁을 하며 데리고 다니던 조각가들이 간다라 지역에 많이 정착했는데 이때, 그리스의 젖은 옷 양식이 전해지며 간다라 양식이 탄생했단다. 이러한 간다라 양식은 멀리 떨어진 우리나라에도 영향을 끼치게 돼. 간다라 양식의 영향을 받은 대표적인 문화유산 중 하나가 바로 석굴암 본존불이야.

QR코드로 영상 보기

20대에 이걸 다 이뤄 냈다고?
위대한 알렉산더의 여정을 함께 따라가 볼까?

만두 탐정의 아틀리에

마케도니아의 알렉산더 대왕이 페르시아의 다리우스 왕을 쫓아가고 있어.

갑옷에 그려진 그리스 신화 속 메두사가 눈을 크게 뜨고 적을 노려보는 듯해.

다리우스 3세는 놀라 전차를 타고 달아나고 있어. 창을 맞은 부하를 보며 손을 뻗어 슬퍼하고 있네.

◆ **만두의 한마디**
폼페이의 한 저택 입구 바닥에 위치했던 거대한 모자이크 작품이야. 모자이크의 원작은 사라졌지만, 저택 바닥에 복제한 작품이 남아 지금까지 전해져.

발견! 역사 노트

☑ **HINT** 간다라, 불교, 알렉산더

- 고대 그리스의 유명한 철학자 중 한 명인 아리스토텔레스가 그의 스승이야.
- 그는 아시아, 아프리카, 유럽에 이르는 3개의 대륙을 정복했어. 이를 통해 동서양 문화가 융합될 수 있었어.

양식

고대 인도 북서부의 간다라 지방을 중심으로 발달했던 그리스 로마 풍의 ＿＿＿＿＿ 미술이야. 석굴암 본존불의 젖은 옷도 이러한 영향을 받은 거야.

2000년 전에
고속도로가 만들어졌다고?

 사람들이 여기저기서 싸우고 있는 소리가 들려. 큰 소리에 놀라 자리에서 벌떡 일어선 나는 눈앞의 광경에 넋을 잃을 뻔했어. 육지 한가운데에서 배들이 전투하고 있다면 믿을 수 있겠니? 이 일은 2000년 전 로마에서 실제로 있었던 일이야.

 배들이 맞부딪치며 싸우는 이곳은 놀랍게도 바다가 아니라 대형 경기장, 콜로세움이었어. 동그랗게 둘러앉은 사람들은 자리에서 일어나 육지

◀ 콜로세움
당시 범죄자나 노예들이
검투사가 되어 이곳에서
모의 전투를 벌였어.

◀ 아피아 가도
물 빠짐을 생각해서
땅을 깊게 파고
모래와 자갈을 넣은 후
그 위에 돌을
깔았다고 해.

에서 벌어지고 있는 모의 해상 전투를 즐기고 있어. 그런데 콜로세움으로 물을 어떻게 끌어온 것일까? 이 거대한 배는 또 어떻게 가져온 거지?

로마에서 나를 놀라게 한 것은 콜로세움만이 아니었어. 로마에는 제대로 된 고속도로가 무려 2000년 전부터 깔려 있었지.

도로의 중요성을 빨리 깨우친 로마는 제국의 전역에 광범위한 도로망을 구축했는데 단순히 도로의 수만 늘린 것이 아니었어. 로마의 도로는 품질도 좋았지.

아피아 가도라는 길은 검은 돌을 반듯하게 깔아 완성한 도로로, 2000년이 지난 오늘날에도 멀쩡히 남아 있어.

도로는 로마 군대와 물자를 빠르고 효율적으로 이동할 수 있게 해 주었고, 이는 광대한 영토를 관리하는 데 중요한 역할을 하였어.

모든 길은 로마로 통한다는 말처럼 사람들은 로마로 이어지는 길을 따라 다니며 로마의 예술, 건축, 사상을 접하였고 이는 제국 내 다양한 민족들이 일체감과 정체성을 공유하는 데 큰 도움이 되었단다.

콜로세움 모의 해상 전투

2000년 전, 콜로세움에 물을 공급하는 급수로를 통해 경기장 안에 물을 채우고 모의 해상 전투를 했다니, 정말 로마의 기술은 놀라워!

하지만 콜로세움에 맹수를 풀어 놓고 사람들과 싸우게 한 이야기나 검투사 경기, 목숨을 건 신화를 재연한 공연 이야기는 좀 으스스한걸…

아피아 가도 도로 공법

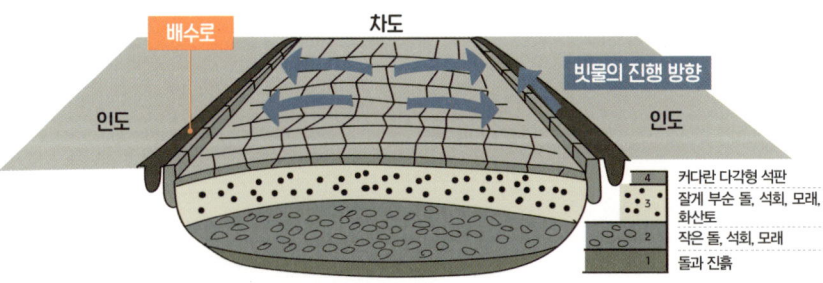

아피아 가도는 배수가 잘되는 자재를 사용하고, 도로 가운데를 약간 볼록하게 만들었기 때문에 물이 잘 빠질 수 있었어. 2000년 이상 된 도로이지만 매우 견고하게 지었기 때문에 일부는 오늘날까지 남아 있다고 해.

 # 서양 문명의 중심 로마에는
다른 나라와 다른 특별한 무언가가 있다

고구려와 신라를 세운 주몽과 박혁거세가 알에서 태어난 이야기 기억나니? 로마를 세운 인물의 출생 이야기도 평범하지 않단다. 로물루스와 레무스라는 쌍둥이 형제가 있었는데, 이들은 놀랍게도 늑대의 젖을 먹으며 자랐어. 그리고 이들 중 형인 로물루스가 기원전 753년에 로마를 세웠지.

로마도 처음에는 작은 나라에 불과했어. 하지만 시간이 흐르며 로마의 세력과 영향력은 점차 확대돼.

로마의 힘은 어디에서 나온 것일까? 로마는 다른 고대 국가들과는 다른 매우 특이한 정치 체계를 갖추고 있었어.

로마인들은 절대적인 힘을 행사하던 왕을 몰아내고, 공화국을 선포했어. 공화국이 뭐냐고? 공화국은 시민들이 자신들의 대표를 직접 뽑는 나라를 의미해. 대한민국도 공화국이지. 로마는 한 사람에게 권력이 집중되는 것을 막기 위해 집정관 두 명과 원로원, 민회를 포함하는 복잡한 정부 체계를 구성했어.

로마만이 가지고 있던 이 특이한 정치 체계는 절묘하게 조화를 이루어

로마의 정치 체계 ▶

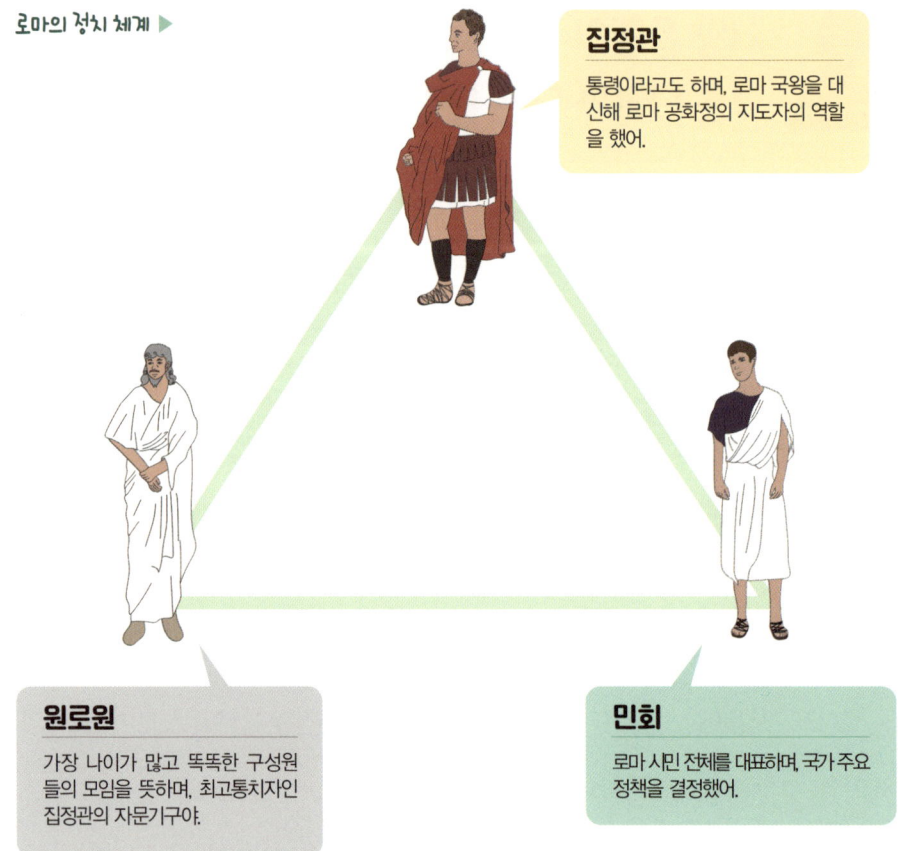

집정관
통령이라고도 하며, 로마 국왕을 대신해 로마 공화정의 지도자의 역할을 했어.

원로원
가장 나이가 많고 똑똑한 구성원들의 모임을 뜻하며, 최고통치자인 집정관의 자문기구야.

민회
로마 시민 전체를 대표하며, 국가 주요 정책을 결정했어.

로마를 강대국으로 성장시켰지.

그렇게 세력을 넓혀가던 로마는 지중해에서 전략적으로 매우 중요했던 시칠리아섬의 지배권을 두고 북아프리카의 강대국 카르타고와 부딪히게 돼. 당시 지중해 해상무역을 장악하고 있던 카르타고는 로마에 있어 결코 만만한 상대가 아니었어.

기원전 264년부터 기원전 146년까지 로마와 카르타고 사이에 총 세 차례의 전쟁이 일어나. 카르타고와의 전쟁은 로마에게 쉽지 않았어.

　로마는 한때 카르타고의 장군 한니발의 공격으로 벼랑 끝에 몰리기도 했어. 한니발은 그 누구도 생각하지 못한 방법으로 로마를 기습 공격했는데, 그건 바로 코끼리 부대를 이끌고 험준한 알프스산맥을 넘는 것이었어.

　예상치 못한 한니발의 공격에 로마는 당황했어. 하지만 로마에도 한니발 못지않은 명장이 있었지. 바로 스키피오였어. 스키피오는 카르타고를 직접 공격하여 한니발을 물리치고 승리하게 돼.

　세 차례의 전쟁 결과 카르타고를 완전히 멸망시킨 로마는 지중해 세계에서 초강대국으로 거듭나게 돼.

▼ 스피키오
포에니 전쟁을 끝낸 스키피오는 아프리카누스라는 칭호를 얻어.

▼ 한니발
원정길에 눈병이 걸린 한니발은 한쪽 눈을 잃게 돼.

◀ 로이테만, 〈알프스를 건너는 한니발〉

▼ 2차 포에니 전쟁 지도

하지만 나라를 위해 전쟁에서 열심히 싸운 농민들에게 돌아가는 것은 아무것도 없었어. 왜 그럴까?

귀족들은 전쟁 포로들을 노예로 삼아 농사를 짓게 했는데, 이렇게 만들어진 대농장을 '라티푼디움'이라고 해. 노예에게 일한 대가를 낼 필요가 없던 귀족들은 라티푼디움에서 생산한 농작물을 헐값에 내놓았어. 그 결과 로마 농민들의 농작물 가격이 경쟁력을 잃으며 농민들은 경제적으로 궁핍해지게 돼.

로마를 위해 목숨 바쳐 싸웠는데 그 대가가 경제적으로 궁핍해지는 것이라니! 로마 농민들이 얼마나 억울했겠어?

정치가였던 그라쿠스 형제는 토지 개혁을 주장하며 이러한 문제를 해결하려 했어. 하지만 재산을 빼앗길 것을 걱정한 귀족 세력의 방해로 그

◀ 그라쿠스 형제
형의 뜻을 이어받아 동생도 개혁을 시도하였으나 마찬가지로 반대파에 부딪혀 개혁에 실패해.

라쿠스 형제의 개혁은 결국 실패로 끝나. 그라쿠스 형제의 개혁이 실패로 돌아간 후, 로마의 농민들은 귀족이 중심이 된 원로원을 더는 신뢰하지 않게 돼.

이러한 상황에서 검투사 노예들이 주축이 된 대규모 반란까지 일어나며 로마 공화정은 크나큰 위기를 맞이하게 된단다. 로마의 전성기는 로마에 선물이 아닌 위기가 되었지. 누가 위기에 빠진 로마를 구출할 수 있을까? 바로 그때 로마를 변화시킬 누군가가 등장해.

QR코드로 영상 보기

코끼리를 타고 알프스를 넘은 사나이가 있다고?
로마를 두려움에 떨게 한 인물은 대체 누구일까?

만두 탐정의 아틀리에

한니발은 알프스산을 넘으며 그곳에서 생활하는 수많은 현지 부족들과 싸웠어.

매우 비좁고 미끄러운 알프스 산길을 전투 코끼리들을 데리고 건너가 있어. 산길에 미끄러져 떨어지는 코끼리가 보이네.

차가운 바람과 눈보라를 뚫고 한니발이 부하들과 함께 산을 넘고 있어.

만두의 한마디
마르세유에서 기다리던 로마군의 허를 찌르기 위해 한니발은 겨울에 알프스산맥을 넘었어. 결국 알프스를 넘는 데 성공한 한니발은 그를 추격해 온 스키피오를 이기고 로마 영토를 초토화시켰어.

발견! 역사 노트

☑ HINT 라티푼디움, 포에니, 공화정, 원로원

로마의 특이한 정치 체계

- 한 사람에게 권력이 집중되는 것을 막기 위해 로마는 왕을 몰아내고 _____ 을 수립해.
- 집정관, _____, 민회가 서로 세력 균형을 이루며 나라를 이끌어 갔어.

_____ 발달

_____ 전쟁 승리 이후 광대한 영토와 노예를 얻게 된 귀족은 전쟁 포로 및 노예를 시켜 대농장을 운영하게 돼.

정답: 공화정, 원로원, 라티푼디움, 포에니

7월과 8월의 유래, 영원히 이름을 남긴 두 인물

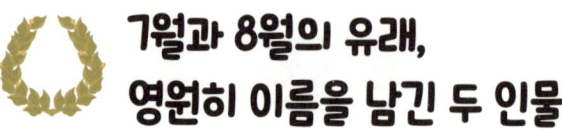

시간에 따라 하루하루를 계획하고 살아가는 사람에게 달력은 시계와 더불어 꼭 있어야 할 물건이야. 달력에 나오는 1년 열두 달을 영어로 어떻게 부르는지 혹시 알고 있니? 달력의 열두 달 중 7월과 8월은 두 명의 인물의 이름을 따서 지어졌어. 그들의 이름은 달력에 남아 지금까지 전해지고 있지. 지금부터 7월(July), 8월(August) 이름의 어원이 된 사람들의 이야기를 들려줄게.

난세에 영웅이 등장한다고 하지? 귀족과 평민들의 갈등으로 내부적으로 위기를 맞은 로마에도 영웅이 등장해. 영웅의 이름은 카이사르였어. 카이사르는 로마에 승리를 가져다준 장군이었어. 로마 시민들

◀ **카이사르**
동전에 자신의 얼굴을 최초로 새겼어.

은 그런 카이사르를 좋아했지. 머리까지 좋았던 카이사르의 등장에 원로원은 큰 위기감을 느꼈어. 로마 공화정에서 가장 큰 영향력을 행사하던 원로원은 그들의 권력을 유지하고 싶었고 그러기 위해선 카이사르를 제거해야 했지.

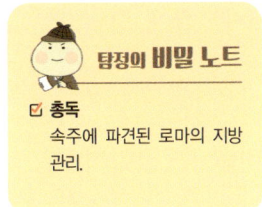
총독 속주에 파견된 로마의 지방 관리.

그들은 카이사르가 총독 임기를 끝내고 로마로 돌아올 때를 기다렸어. 원로원은 카이사르가 로마의 전통에 따라 군대를 해산하고 홀로 로마로 돌아오기를 기다렸다 카이사르를 제거하려고 한 거야.

하지만 원로원의 속셈을 눈치챈 카이사르는 "주사위는 던져졌다"라는 말을 내뱉으며 군대를 이끌고 로마로 진격했어(B.C. 49년).

이것은 로마에 대한 반역을 의미했지. 단숨에 로마에 입성한 카이사르는 원로원 귀족들과 손잡은 폼페이우스를 몰아내고 로마 최고의 권력자로 등극하게 된단다.

이후 종신 독재관의 자리에 오른 카이사르는 왕이라 불리지는 않았지만 왕과 같은 권력을 누릴 수 있게 돼.

카이사르가 독재 정치를 했음에도 로마 시민들은 카이사르를 존경하고 사랑했어. 하지만 로마 시민 모두가 카이사르를 좋아한 것은 아니었지. 카이사르가 로마 공화정을 무너뜨리고 끝내 왕으로 등극할 것으로 생각한 세력들은 카이사르를 암살할 계획을 세웠어.

로마의 절대 권력자 카이사르는 그렇게 자신을 반대하는 세력들이 휘

두른 칼에 결국 비참한 최후를 맞이하지.

하지만 카이사르가 사라졌다고 해서 카이사르가 가져온 시대의 흐름을 바꿀 수 없었어.

카이사르의 후계자로 낙점된 옥타비아누스는 카이사르를 암살한 세력들과 자신의 정적들을 모두 제거하고 카이사르에 이어 기원전 27년, 로마의 최고 권력자가 돼. 황제에 버금가는 권력을 행사한 옥타비아누스는 자신의 권력을 이용해 로마 공화정 체제를 없애지 않았어. 원로원은 이에 옥타비아누스에게 'Augustus(아우구스투스)'라는 칭호를 내리게 된단다. '존엄한 자'를 뜻하는 이 말은 오늘날 8월을 뜻하는 'August'의 기원이 돼.

그럼 7월은 누구의 이름에서 나오게 된 것일까?

▶ **로마 최초의 황제**
옥타비아누스는 살아 있을 때 황제라 불리는 것을 거부했어.

눈치가 빠른 친구들은 8월의 주인공을 통해 7월의 주인공도 추측할 수 있을 거야. 7월은 옥타비아누스 이전, 로마의 모든 권력을 장악한 카이사르의 이름을 따서 지어졌어. 응? 7월(July)과 카이사르 사이에서 공통점을 찾을 수 없다고?

그건 7월(July)이 카이사르의 이름이 아닌 그의 성(姓)인 Julius를 따서 지어졌기 때문이야.

카이사르와 옥타비아누스 모두 생전에 자신을 황제로 칭하지는 않았어. 하지만 두 사람의 시대를 지나며 로마는 원로원 중심의 공화정 체제에서 황제 중심의 제국으로 변화하게 된단다. 이후 수많은 황제가 로마를 다스리며 로마는 제국의 길을 걷게 되지.

그러고 보니 황제에겐 해결해야 할 문제가 있었지? 귀족과 평민들 사이의 갈등 말이야.

황제는 빈부격차의 문제를 해결하기 위해 고심했어. 황제의 힘으로 귀족들의 재산을 빼앗아 평민들에게 나누어 주면 쉽게 해결되지 않겠냐고 생각하는 친구들도 있을 거야. 하지만 이런 방법으로는 귀족들의 반발을 심하게 살 것이고, 이로 인해 귀족들의 신뢰를 잃으면 황제의 자리도 위험해질 수 있지. 결국 황제는 귀족들의 재산을 빼앗아 평민들에게 주는 대신, 정복한 지역의 부를 평민들에게 나누어 주는 방법으로 평민들의 불만을 잠재우려 했어.

그러기 위해 로마는 많은 땅이 필요했지. 이게 바로 로마가 정복 활동을 멈출 수 없는 이유였어. 로마 내부의 문제를 해결하기 위해 바깥세상으로 눈을 돌린 로마는 강한 군사력을 바탕으로 정복 전쟁에 나섰어. 그 결과 로마는 지중해를 중심으로 한 거대한 대제국을 건설하게 돼.

로마의 통치 아래 지중해 세계는 기나긴 평화를 맞이하게 되는데 이를 '로마의 평화(Pax Romana)'라고 해.

로마에 대항하여 반란을 일으키는 지역이 분명 있었을 텐데 어떻게 로마의 평화가 가능했냐고? 그건 로마가 특별한 방법으로 정복한 지역을 관리했기 때문이지.

로마는 정복한 지역에 상당히 관용적이었어. 정복한 지역의 문화와 종교 등을 그대로 인정해 주었지. 정복 지역의 문화를 배척하지 않고 끌어안은 거야. 로마의 관용 정책은 큰 효과를 거두었어. 로마의 평화는 약 200년간 이어졌지. 앞으로도 영원히 계속될 것처럼 말이야. 하지만 기원후 235년경, 영원할 것만 같았던 로마제국에도 위기가 찾아왔어.

오랜 평화에 취한 로마 군인들이 자신들의 힘을 나라가 아닌 개인을 위해 사용한 거야. 그들은 자신들이 지지하는 사람을 황제로 세우고 싶어 했고 이 과정에서 황제가 여러 번 교체되었어. 50년 동안 무려 20명 이상의 황제가 등장하며 제국은 혼란에 빠지게 되었고, 그중엔 암살로 100일도 안 되는 재위 기간을 가진 황제도 있었지.

내란으로 로마의 힘이 예전만 못하자 로마가 점령한 지역 곳곳에서 반란이 일어났어. 강력한 로마군을 동원하여 반란을 제압하면 되는 일 아니냐고? 군대의 핵심은 보급이야. 군대에 충분한 지원이 이루어져야 군인들이 잘 싸울 수 있다는 거지. 그런데 내전과 외부의 침입으로 로마의 경제 상황이 어려워지며 로마군은 제대로 된 보급을 받지 못하게 돼. 거기에 병역을 꺼리는 사람들이 늘어나며 로마군은 과거 강력했던 힘을 잃게 된단다.

결국 콘스탄티누스 황제는 쇠락하는 로마를 버리고 기원후 330년 제국의 수도를, 지금의 이스탄불인 비잔티움으로 옮기게 돼. 그리고 그곳을

로마제국의 분열 ▼

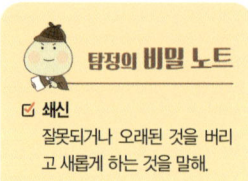

탐정의 비밀 노트

☑ **쇄신**
잘못되거나 오래된 것을 버리고 새롭게 하는 것을 말해.

자신의 이름을 따 '콘스탄티노폴리스'라고 불렀지. 쇄신의 의미로 수도를 옮기기까지 한 로마제국. 그들은 다시 옛 영광의 시대를 찾을 수 있을까?

QR코드로 영상 보기

황제 시대의 시작, 카이사르의 등장!

만두 탐정의 아틀리에

인물 달력 만들기

☑ HINT 최고의 권력자, 주사위, 공화정

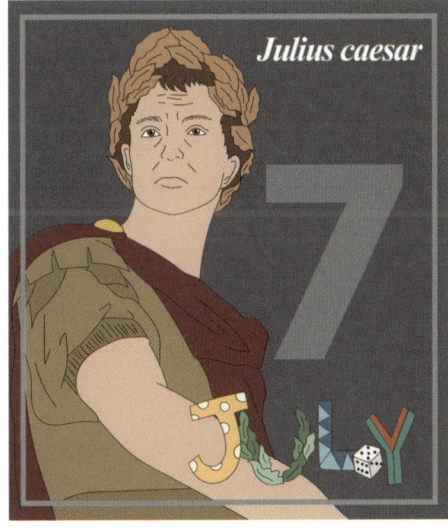

나는 로마에 승리를 가져다 주는 장군이었고, 로마 시민들은 그런 나를 좋아했지.

"〰〰〰〰는 던져졌다"라고 외치며 군대를 이끌고 로마로 진격해서 로마〰〰〰〰〰가 되었어.

7월(July)은 나의 성 Julius에서 따서 지었지.

나는 나의 권력을 이용해 로마 공화정 체제를 없애지 않았어.

원로원은 이에 존엄한 자라는 뜻의 'Augustus'라는 칭호를 내려주었어. 8월(August)은 여기서 유래했단다.

양아버지인 카이사르와 나의 시대를 지내며 로마는 〰〰〰〰에서 황제가 통치하는 제국으로 변화하게 돼.

정답: 주사위, 최고의 권력자, 공화정

종교가 지배한 세상?
그 뒤에서 웃는 권력자들

A.D. 313년
콘스탄티누스 황제 밀라노 칙령

A.D. 300

A.D. 320년
굽타 왕조 성립

십자군은 자신들이 벌인 전쟁을 성전이라 칭했어. 그들은 과연 성스러운 전쟁을 치렀을까? 권력자들은 종교가 얼마나 큰 힘을 지니고 있는지 알고 있었어. 그들은 권력을 유지하기 위해 종교를 이용했지. 종교가 지배하던 세상의 모습은 어땠을까?

A.D. 1037년
셀주크 튀르크 건국

A.D. 1300년대
유럽에 흑사병 발발

A.D. 1000 — A.D. 1300 — A.D. 1600

A.D. 1096년
십자군 전쟁 시작

A.D. 1517년
마르틴 루터 95개조 반박문 발표

 # 카스트제도는
왜 쉽게 사라지지 못할까?

모든 국민은 법 앞에 평등하다. 대한민국 헌법 제11조의 내용이야. 오늘날 우리는 가진 재산이나 능력에 따라 각기 다른 삶을 살고 있어. 하지만 태어나면서부터 정해진 신분에 따라 다른 삶을 살고 있지는 않지. 다른 나라는 어떠할까?

오늘날에도 사람을 신분에 따라 차별하는 대표적인 나라가 있어. 바로 인도야.

인도의 카스트제도는 기원전 1500년경 인더스강을 차지한 아리아인이 원주민을 효과적으로 통치하기 위하여 도입한 것을 시작으로, 지금까지 이어져 내려오고 있어. 카스트제도는 제1

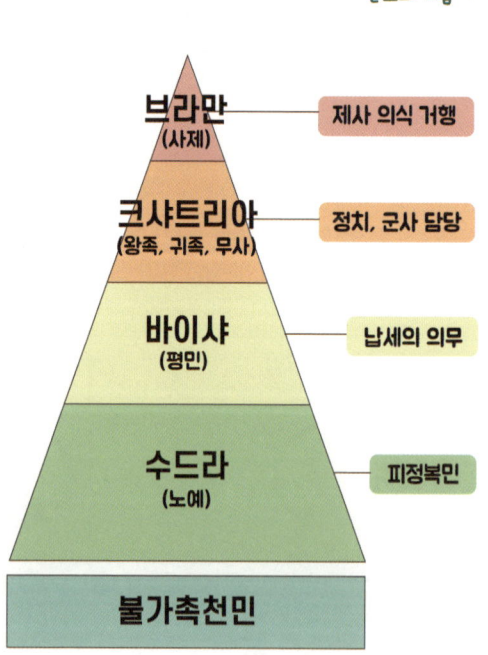

▼ 인도의 계급
- 브라만 (사제) — 제사 의식 거행
- 크샤트리아 (왕족, 귀족, 무사) — 정치, 군사 담당
- 바이샤 (평민) — 납세의 의무
- 수드라 (노예) — 피정복민
- 불가촉천민

▶ 불가촉천민
카스트제도에도 들어가지 못하는 신분이야. 능력과 관계없이 사회에서 정당한 대우를 받지 못하고 있어.

계급 브라만(사제), 제2계급 크샤트리아(왕족, 귀족, 무사), 제3계급 바이샤(평민), 제4계급 수드라(천민)로 구성되어 있지. 카스트제도는 인도 사람의 대부분이 믿는 힌두교와 밀접한 관련이 있어.

힌두교에 따르면, 사람은 죽고 다음 생에 다시 태어나. 다음 생에 무엇으로 어떻게 태어날지는 오로지 전생에 그 사람이 한 행동에 달려 있지.

전생에 훌륭한 일을 한 사람은 브라만으로 태어나고 전생에 잘못을 저지른 사람은 수드라로 태어난다는 거야. 카스트제도의 신분은 곧 전생의 업보였던 거지.

인도 헌법에는 "국가는 종교, 인종, 카스트, 성별, 출생지 등 어떤 것 때문이라도 시민을 차별해서는 안 된다"라고 나와 있지만, 카스트는 사라지지 않고 남아 여전히 인도인의 삶에 큰 영향을 미치고 있어.

카스트제도의 가장 꼭대기에 있는 브라만은 인도에서 여전히 매우 좋은 대접을 받고 있지. 그에 반해 카스트제도의 가장 아래 신분에 해당하는 수드라는 수드라로 태어났다는 이유로 사람들에게 멸시와 차별을 받고 있어.

그런데 인도에서 수드라보다 더 낮은 신분이 있어. 바로 불가촉천민이야. 불가촉천민은 매우 열악한 환경에서 차별받으며 살고 있어. 불공정하다고? 맞아.

그럼, 카스트제도가 내일 당장 인도에서 사라진다면 어떨까? 인도 사람 모두가 평등한 세상에서 행복한 삶을 누릴 수 있을까? 그럴지도 몰라. 하지만 인도는 크나큰 혼란을 맞이하게 될 거야. 카스트제도를 없앤다는 것은 그들이 믿는 힌두교의 사상을 부정하는 것과 마찬가지기 때문이지. 무슨 말이냐고?

쉬운 예를 들어 볼게. 우리나라 사람들은 자신들보다 나이가 많은 사람을 공손히 대해야 한다고 생각해. 공손하게 대하지 않는다고 해서 법적으로 처벌받는 것은 아니지만 유교 문화가 자리 잡은 우리나라에서는 그러한 모습이 자연스럽지. 그런데 하루아침에 그러한 문화가 사라진다면 어떻겠니? 어린아이가 할아버지의 이름을 편하게 부르는 모습이 쉽게 상상되니?

이와 마찬가지로 오랜 기간 인도인의 삶에 스며든 카스트제도를 하루아침에 없애버리는 것은 쉬운 일이 아니야.

다행히 카스트에 대한 인도 사람들의 인식이 조금씩 변화하고 있어. 불가촉천민에서 대통령이 나온 게 그 증거야. 언젠가 우리도 카스트제도가 사라진 인도를 만날 수 있지 않을까?

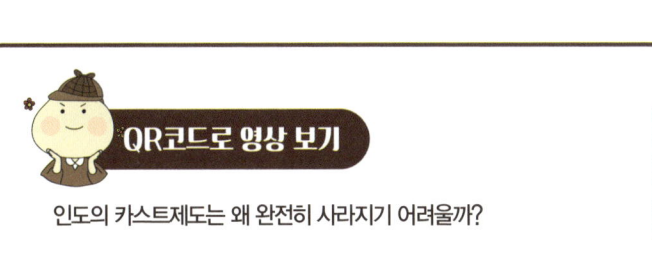
QR코드로 영상 보기
인도의 카스트제도는 왜 완전히 사라지기 어려울까?

만두 탐정의 아틀리에

힌두교 신화와 카스트제도

힌두교 신화에 따르면 신의 몸에서 4개의 카스트가 태어났어

그의 입은 브라만이었어.

> 나는 제사의식을 거행한다오. 사람들에게 존경을 받지.

두 팔은 통치자를 만들었어.

> 귀족과 무사가 여기에 해당돼. 우린 브라만을 보위하면서 다른 계급을 통치하지.

두 넓적다리에서는 바이샤가 나왔어.

> 우리 계급엔 상인과 지주 등이 있어. 돈이 있어도 계급을 바꿀 순 없군….

브라흐마(창조의 신)

수드라는 그의 두 다리에서 태어났으니 다른 카스트를 섬겨야 했다고 해.

> 주로 잡일과 하인이 하는 일을 한다네. 우린 다른 카스트처럼 다시 태어나지도 못한다더군.

그리고… 4개의 카스트 어디에도 속하지 못하는 불가촉천민이 있어.

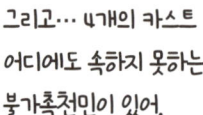

> 사람 취급도 안 해 주니… 다음에는 다른 계급으로 태어나고 싶다네.

인도의 도로를 점령한 신성한 동물의 정체는?

자동차를 타고 인도의 도로를 달리고 있는데 저 멀리서 하얀 물체가 어슬렁어슬렁 돌아다녀. 자세히 보니 하얀 소야. 그런데 이 모습에 놀라는 사람도 없고 그 누구도 경적을 울리지 않아. 모두 소가 도로를 안전하게 지나갈 때까지 조용하게 기다리고 있지. 대한민국에서는 상상도 하지 못한 일이야. 흰 소가 인도에서 대접받는 이유는 무엇일까?

그건 인도의 80퍼센트가 넘는 사람들이 믿고 있는 종교, 힌두교와 관련이 깊어. 지금부터 인도 종교와 흰 소, 특히 흰 암소가 인도에서 신성한 동물이 된 이유에 대해 함께 알아볼 거야.

오늘날 힌두교의 역사를 거슬러 올라가면 아리아인의 전통 종교인 브라만교가 나와. 브라만교는 이름처럼 브라만을 중심으로 만들어진 종교야. 힌두교의 윤회와 업보 사상 그리고 카스트제도 모두 브라만교에서 나왔지. 그런데 브라만교를 믿는 아리아인은 오늘날의 인도인과 달리 소고기를 즐겨 먹었어. 이상하지? 소고기를 즐겨 먹던 사람들이 언제부터 무슨 일로 소를 신성시하게 된 걸까?

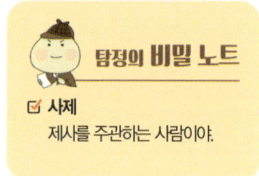
사제
제사를 주관하는 사람이야.

이 문제 또한 종교와 관련이 있어. 브라만교에서는 신과 조상들에게 지내는 제사를 매우 중요하게 생각했어. 그래서 그 의식이 매우 복잡했지. 복잡한 의식 탓에 제사는 전문지식을 가진 브라만 계급만이 주관할 수 있었어. 그 결과 브라만 계급은 카스트제도의 꼭대기에서 그들의 권위를 유지할 수 있었어.

그러던 기원전 6세기경, 인도에서는 브라만교의 사제들이 만든 질서와 절대 권력에 반발해 새로운 종교가 탄생했어. 불교였지. 불교는 인도의 여러 왕국 중 하나에서 왕자로 태어난 싯다르타가 창시한 종교야.

왕자로 태어나 궁궐 안에서 안락한 생활을 누리던 싯다르타는 궁궐 밖을 나가 현실을 마주하는 순간 큰 충격을 받게 돼. 그가 마주한 현실은 궁궐 안에서 상상하던 것과 달랐거든.

고통에 몸부림치는 사람들을 보며 싯다르타는 깨달음을 얻기 위해 고행길에 나섰고 그 끝에 깨달음을 얻게 돼.

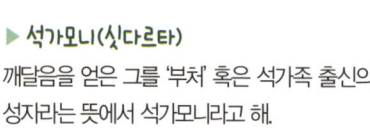
▶ **석가모니(싯다르타)**
깨달음을 얻은 그를 '부처' 혹은 석가족 출신의 성자라는 뜻에서 석가모니라고 해.

싯다르타는 인도 전역을 돌며 가르침을 전했어. 카스트제도 가장 아래에 있는 수드라와 인간 취급도 받지 못한 불가촉천민은 모든 사람이 평등하다고 주장하는 불교를 받아들였지. 크샤트리아와 상인 계급도 브라만교의 막대한 제사 비용에 부담을 느껴 브라만교를 멀리하고 불교를 가까이하게 되었단다.

  기원전 3세기경, 인도의 대부분 지역을 통일한 아소카 왕이 불교의 가르침에 따라 나라를 다스리자 인도 내 불교 신자 수는 더 늘어 갔어. 아소카 왕은 세계 여러 곳에 불교를 전파하는 데도 힘썼지. 그의 노력 덕분에 불교는 우리나라와 중국, 일본을 포함한 동아시아부터 아프리카까지 퍼지게 돼. 평등을 외치는 불교 앞에서, 쇠퇴한 브라만교의 사제들은 큰 위기감을 느꼈어.

  결국 굽타 왕조에 들어서 브라만교는 큰 결정을 내려. 스스로 변화하여 민중 속으로 걸어 들어가기로 한 거야.

  그렇게 해서 브라만교에서 파생된 종교, 힌두교가 탄생했지. 힌두교가 사람들에게 다가가기 위해 택한 방법은 무엇일까?

  원래 브라만교의 제사에는 소나 말 등의 동물이 많이 희생되었어. 농사를 짓는 데 소가 꼭 필요했던 농민들은 브라만교 대신 살생을 금지하라고 가르치는 불교를 가까이하게 됐어. 힌두교는 이러한 농민들의 마음을 잡기 위해 불교의 교리를 일부 받아들여 소에 대한 살생을 금지했어. 이때부터 힌두교 제사에는 동물 대신 꽃과 과일이 올라가고, 소는 인도 전역에

▶ 힌두교 3대 신 중 하나인 시바
파괴의 신으로 인도에서 가장 영향력이 있어.

서 인간에게 보호받는 신성한 동물이 된단다. 또한 그중에서 특히 흰 소는 힌두교의 3대 신 중 하나인 시바신이 타고 다니는 동물로 매우 신성히 여겨지게 돼.

　제사 방식을 간소화하고 불교를 포함한 여러 종교와 토속 신앙의 좋은 점을 흡수한 결과, 힌두교는 오늘날 인도 사람의 대부분이 믿는 종교로 거듭나게 된단다.

만두 탐정의 아틀리에

브라만교가 변화한 이유

☑ HINT 힌두교, 불교, 브라만, 계급

기원전 6세기 이전

브라만교에서는 제사가 매우 중요하고, 그 의식이 매우 복잡하지. 복잡한 의식 탓에 제사는 전문적인 지식을 가진 우리 계급만이 주관해야 하지.

기원전 6세기경

전생의 죄에 따라 카스트 계급이 결정되는 것은 옳지 않아요. ____에서는 수행하면 여성, 천민 누구나 고통의 굴레에서 벗어날 수 있지요.

관계 없이 누구나 깨달음을 얻을 수 있구나!

브라만교의 막대한 제사 비용이 너무 부담되는데 이참에 불교를 가까이해 볼까?

기원전 3세기경

인도의 대부분 지역을 통일한 나, 아소카 왕이 불교의 가르침에 따라 나라를 다스리며 불교를 믿는 사람의 수는 점점 더 늘어났다오.

서기 320년 이후

변화만이 살 길! 변화해서 민중 속으로 걸어 들어가야겠어. 동물 대신 꽃, 과일 올리고 제사도 간소화시키자. 결혼, 장례식도 철저히 챙겨야지.

브라만교가 힌두교로 변화하며 민중 속으로 걸어간 결과, ____는 오늘날 인도 사람의 대부분이 믿는 종교로 거듭나게 돼.

 ## 최악의 위생 상태, 유럽에 퍼진 검은 죽음

이게 무슨 냄새야? 고약한 냄새가 코를 찔러. 헛구역질이 날 것 같아. 냄새의 정체는 금방 찾을 수 있었어. 바로 여기저기 널려 있는 똥이었지. 소똥과 개똥은 시골 길거리에서 본 적 있지만, 사람 똥을 길거리에서 보게 될 줄이야. 비가 내린 뒤라 그런지 썩은 냄새가 더 나는 것 같아. 지나가는 사람들도 냄새를 참기 힘든 것 같아. 모두 코와 입을 손으로 막으며 걷고 있으니 말이야.

잠깐만 위에서 똥이 떨어지잖아. 집 안에 화장실이 따로 없어 쌓은 배설물들을 그냥 창문으로 버리다니. 정말 기가 막혀. 지나가는 사람들은 오물을 피하려고 굽 높은 신발에 챙이 넓은 모자를 쓰고 걷고 있어. 항의라도 하고 싶지만 일단 똥부터 피해야 할 것 같아.

글에서 당시의 악취가 느껴지니? 중세 유럽사람들은 이처럼 최악의 위생 환경에서 살았어. 더러운 도시에는 쥐와 벼룩이 들끓었지. 쥐와 벼룩은 도시와 마을을 돌아다니며 무시무시한 전염병을 유럽에 퍼뜨렸어.

열악한 상하수도 시설 탓에 당시 유럽인들은 잘 씻지 못했는데, 이 때문에 개인위생에 취약했던 사람들은 병에 빨리 전염되었어. 사람 간의 접촉은 전염병을 더 빠르게 퍼지게 하였지. 전염병에 걸린 사람들은 피부가 검게 변한 채로 죽음을 맞이했는데 1300년대 중반, 이 병으로 당시 유럽 인구 3분의 1이 목숨을 잃게 돼.

이 무시무시한 질병은 사람의 피부를 검게 만든다고 하여 흑사병이라 불렸어.

▲ 퓌르스트, 〈로마의 부리 의사〉

최근에도 전 세계적으로 유행한 전염병이 있었지? 맞아. 바로 코로나야. 우리는 오늘날 다양한 매체를 통해 코로나에 관한 정보를 얻을 수 있었어. 코로나를 어떻게 예방하는지 그리고 코로나에 걸렸을 때 어떻게 행동해야 하는지 등에 대한 정보를 찾고 그에 맞는 행동을 취할 수 있었지.

중세 사람들은 어땠을까? 흑사병에 대한 과학적인 정보를 그들도 가지고 있었을까? 아니야. 중앙의 힘이 지방까지 뻗지 못하던 중세 유럽에는 오늘날의 중앙재난안전대책본부와 같이 재난 시, 올바른 정보를 제공하고 일사불란하게 현장을 지휘하는 기구가 없었어. 심지어 중세 유럽의 의

사들도 흑사병에 대해 잘 알지 못했지. 그 때문에 사람들은 흑사병에 정확히 어떻게 대처해야 하는지 알 수가 없었어.

종교의 시대였던 중세, 불안한 사람들이 의지할 곳은 교회밖에 없었어. 중세 사람들은 기도를 드리며 믿음으로 어려움을 극복하고자 했어.

그래서 사람들은 좁은 곳에 함께 모여 기도를 드렸고, 흑사병을 신의 형벌이라고 생각하여 자신을 스스로 채찍질했어. 하지만 이는 좋은 해결책이 아니었지.

오히려 상황을 더 악화시킬 뿐이었어. 신앙으로 문제가 해결되지 않자 중세를 지배하고 있던 교회의 권위가 약해졌어. 종교가 지배했던 중세의 질서가 무너지기 시작한 거야.

이와 함께 흑사병으로 영주의 땅에서 일하던 농노의 수가 줄어들면서 일할 사람이 부족해지자 영주는 농장을 운영하기 위해 살아남은 농노들을 잘 대접하기 시작해. 이에 따라 농노들의 인식도 변화하게 돼. 농노들이 자신을 가치 있는 사람으로 보기 시작했거든.

흑사병의 유행으로 종교 중심의 세계관에서 조금씩 벗어난 사람들은 신이 아닌 인간을 중심에 두고 세상을 보기 시작했어. 그리고 일상에서 마주치는 문제 또한 합리적으로 해결하려 노력하게 되지. 그렇게 유럽에는 르네상스가 도래하게 돼.

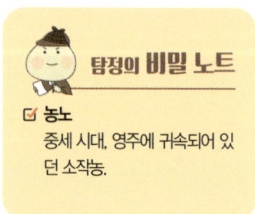

탐정의 비밀 노트
☑ 농노
중세 시대, 영주에 귀속되어 있던 소작농.

만두 탐정의 아틀리에

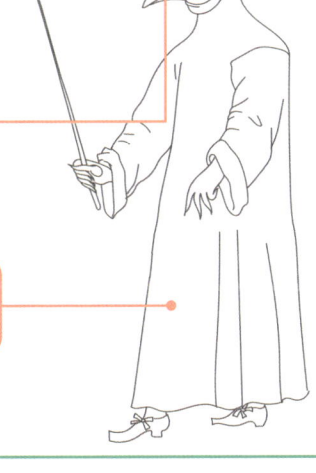

의사의 상징인 헤르메스 날개가 달려 있어. 페스트 환자의 옷을 벗기거나 진찰할 때 접촉을 피하기 위해 지팡이를 사용했어.

부리처럼 생긴 부분에 두 개의 작은 콧구멍이 나 있어. 부리 속에 허브 식초나 향료 등을 넣고 구멍을 뚫어 숨을 쉬었지. 질병의 주요 감염 원인으로 여겼던 악취를 피하기 위해서 한 조치였어.

옷이 하나로 된 통짜이고 머리 부분도 후드로 감싸게 되어 있어. 옷은 균의 침투를 막기 위해 가죽으로 만들어졌지.

만두의 한마디
페스트 의사의 대표적 이미지를 표현한 판화 작품으로 까마귀 같은 복장에 나무 지팡이를 들고 있어.

흑사병이 중세 유럽에 미친 영향 보고서

☑ HINT 기도, 개인위생, 흑사병, 벼룩, 종교 중심

원인	1300년대 중반, 쥐와 ＿＿＿＿ 이 도시와 마을 돌아다니며 무시무시한 전염병을 유럽에 퍼뜨렸다.
과정	＿＿＿＿ 에 취약했던 사람들은 병에 빨리 전염되었다. 전염병에 걸린 사람들은 피부가 검게 변한 채로 죽음을 맞이하여 이를 ＿＿＿＿ 이라 불렀다. 사람들은 ＿＿＿＿ 를 하여 전염병을 이겨내려고 노력했다.
결과	유럽 인구 3분의 1이 목숨을 잃었다. 신앙으로 문제가 해결되지 않자 중세를 지배하고 있던 교회의 권위가 약해지고, 사람들이 ＿＿＿＿ 의 세계관에서 조금씩 벗어나기 시작했다. 또한 일하던 농노의 수가 줄어들면서 봉건제도도 무너졌다.

정답: 벼룩, 개인위생, 흑사병, 기도, 종교 중심

 # 성스러운 전쟁의 추악한 실체, 십자가와 초승달의 충돌

　세상에는 돈이 많은 사람과 가난한 사람, 명예와 권력이 높은 사람과 그렇지 않은 사람 등 여러 사람이 존재해. 하지만 그 어느 사람도 예외 없이 죽음을 맞이하게 돼. 절대 권력을 바탕으로 불로장생을 꿈을 꾼 진시황제도 예외는 아니었지. 나약하고 한계가 있는 인간은 절대적인 존재를 찾았어. 그렇게 다양한 종교가 인류 역사에 출현하게 돼. 그중 크리스트교는 세계에서 가장 많은 신자를 가진 종교야. 크리스트교가 뭐냐고? 크리스트교는 하나님의 아들인 예수 그리스도(Christ)의 말씀을 따라 하나님만을 유일하게 믿는 종교야. 크리스트교에서는 우상 숭배를 금지했는데, 이에 따라 크리스트교를 믿는 사람들은 로마 황제의 숭배를 거부하며 많은 탄압을 받게 돼. 하지만 이러한 탄압에도 불구하고 크리스트교를 믿는 사람들은 점점 늘어만 갔지.

　결국 기원후 313년, 콘스탄티누스 황제는 밀라노 칙령을 내려 크리스트교를 인정했고, 기원후 380년에는 테오도시우스 황제가 크리스트교를 로마제국의 국교로 선포하게 돼.

기원후 476년, 서로마제국을 멸망시킨 게르만족은 로마의 우수한 문명을 파괴하지 않고 받아들였는데, 이때 로마의 종교인 크리스트교 또한 받아들였지. 그 결과 크리스트교는 오늘날까지 서유럽 사람들이 믿는 보편적인 종교로 거듭나게 돼.

크리스트교 다음으로 사람들이 많이 믿는 종교는 무엇일까? 바로 이슬람교야. 이슬람(Islam)은 '절대 순종한다'는 의미야. 무엇에 절대 순종한다는 말일까? 바로 유일신에 순종한다는 말이지. 메카에서 이슬람교를 창시한 예언자 무함마드는 모든 우상 숭배를 금지하고 유일신을 믿어야 한다고 사람들에게 말하였어. 이후 이슬람교는 오늘날의 서아시아와 북아프리카 일대를 중심으로 급격하게 퍼지며 그 영향력을 확대하게 된단다.

종교의 시대, 중세에 크리스트교와 이슬람교는 서방과 동방에서 각각 그 세력을 넓히며 사람들의 생활에 큰 영향을 끼쳤지. 평화롭게 공존하던 두 종교는 이슬람교를 받아들인 셀주크 튀르크가 동로마제국의 영토를 위협하면서 부딪치게 돼. 셀주크 튀르크는 예루살렘에 성지순례를 하던 크리스트교인을 위협하기도 했는데, 이는 심각한 문제였어.

예루살렘이 두 종교 모두에게 큰 의미가 있는 장소였기 때문이지. 크리스트교에 있어 예루살렘은 예수 그리스도가 십자가에 못 박혀 돌아가시고 이후 부활한 성스러운 장소였고, 이슬람교에 있어 예루살렘은 예언자 무함마드가 하늘로 올라간 성스러운 장소였지.

이에 동로마 황제는 교황에게 도움을 요청하게 돼. 교황은 서유럽의 종

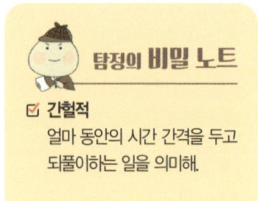

탐정의 비밀 노트

☑ **간헐적**
얼마 동안의 시간 간격을 두고 되풀이하는 일을 의미해.

교적 지도자로 왕처럼 군대를 소유하지 않았어. 그런데 왜 동로마 황제는 서유럽의 왕이 아닌 교황에게 도움을 요청한 걸까?

교황은 예수 그리스도의 열두 제자 중 하나인 베드로의 후계자로 크리스트교를 믿는 중세 유럽에서 교황의 말은 절대적이었어. 왕도 교황의 말을 무시할 수 없었지. 교황은 자신의 말을 듣지 않는 왕을 파문시킬 수도 있었어.

동로마 황제의 요청을 받은 당시 교황 우르바누스 2세는 크리스트교의 성지, 예루살렘을 탈환하기 위해 군대를 모으기 시작해.

교황은 원정에 참여하면 살아서 지은 죄를 씻을 수 있다고 말하며 사람들의 참여를 독려했어. 이런 교황의 부름에 10만 명이 응답했지. 이들은 가슴에 십자가 표시를 하여 '십자군'이라 불린단다. 십자군 전쟁은 성지 예루살렘을 두고 1095년부터 약 200여 년간 간헐적으로 벌어졌어.

◀ **우르바누스 2세**
성지 탈환을 호소하는 연설을 하여 영주들과 기사들의 지지를 얻었어.

예루살렘을 두고 벌인 첫 전투에서는 십자군이 승리하게 돼. 구원받겠다는 강한 신념으로 무장한 십자군을 당시 내부적으로 분열되어 있던 이슬람 세력이 막아낼 길이 없었던 거야. 십자군의 강력한 철갑옷도 전투에서 큰 효과를 보았지.

그러나 3차 십자군 전쟁에서 이슬람 영웅, 살라딘의 공격을 막아내지 못한 십자군은 예루살렘을 이슬람 세력에 다시 내어주게 돼. 예루살렘을 다시 자신들의 것으로 만든 살라딘은 매우 특별한 지시를 내렸어.

크리스트교인의 예루살렘 성지순례를 허락한 거야. 이슬람에 예루살렘은 다시 빼앗겼지만, 평생의 소원인 성지순례는 할 수 있게 된 십자군. 그들은 여기서 전쟁을 멈추었을까? 아니야. 놀랍게도 그들은 전쟁을 끝내지

▼ 십자군 원정 지도

▲ 에밀 시뇰, 〈예루살렘 함락〉
1차 십자군 전쟁의 모습을 담은 그림이야.
예루살렘을 정복한 십자군들이 보여.

앉았어.

 사실 종교는 권력을 위한 도구에 불과했어. 애당초 십자군의 목적은 다른 데 있었던 거야. 십자군은 자신들보다 앞선 문명을 자랑하고 있던 동방을 침략하고 싶었어. 그들의 욕심은 끝이 없었지.

 십자군은 종교를 앞세워 뒤에서 추악한 일을 계속해서 저질렀어. 1202년에 시작된 4차 십자군은 자신들의 목적을 위해 같은 크리스트교 도시를 파괴하고 약탈하기도 했어.

 여기서 그치지 않고 십자군은 십자군에 참여하겠다는 소년들을 잡아 아프리카에 노예로 팔기까지 해. 9차까지 이어진 십자군 전쟁은 결국 실패로 끝이 나. 성스러운 전쟁이라며 시작되었던 전쟁은 인간의 추악한 욕심만 드러내며 허무하게 끝나게 되지.

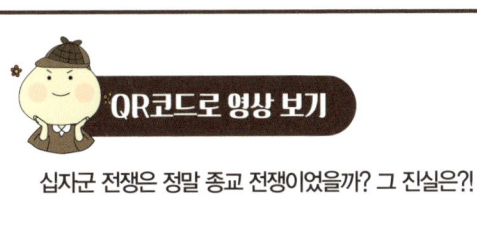
QR코드로 영상 보기
십자군 전쟁은 정말 종교 전쟁이었을까? 그 진실은?!

만두 탐정의 아틀리에

- 황금색 돔 위에 이슬람교의 상징인 초승달이 보여. 십자군은 이슬람의 성지인 성전산을 점령해 모스크 건물을 교회로 바꾸어 놓았어.
- 이슬람의 깃발 대신 십자군의 깃발로 교체하고 있어.
- 십자군의 잔인함을 알고 있던 유대인과 이슬람교인들은 목숨을 부지하러 자신들의 성지인 성전산으로 피신하지만 결국 목숨을 지키지 못했어.
- 공성탑으로 헤롯 문 근처의 성곽을 기습적으로 공격하여 성벽을 넘었고 이후 성벽 문을 열어 십자군이 물밀듯 들어왔어.
- 전쟁 중 목숨을 잃은 십자군을 아이와 아내가 슬퍼하며 안고 있어.
- 1차 십자군 전쟁을 나타내는 그림으로 예루살렘을 정복한 십자군들이 보여.

발견! 역사 노트

☑ HINT 중세, 교황, 기사

십자군은 종교 전쟁?

- 십자군은 같은 크리스트교 국가에 대한 파괴와 약탈도 서슴지 않았어.
- 자신들의 이익을 위해 십자군과 이슬람의 영주가 동맹 관계를 형성하기도 하였지.

중세 시대의 몰락

전쟁의 실패로 _____의 권위와 _____ 집단의 권위가 약화돼. 영주들이 전쟁으로 장원을 관리하지 않아 경제가 흔들리게 되고 결국 이는 _____ 시대의 몰락을 초래하게 돼.

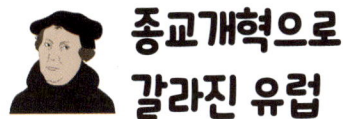 종교개혁으로
갈라진 유럽

▲ 〈면벌부 판매 목판화〉
면벌부는 지은 죄에 따라 받아야 하는 벌을 면제해 주는 증서를 의미해.

위 그림에서 사람들은 돈을 주고 무엇인가를 사려고 하는 것 같아. 줄을 지어 기다리는 걸 보니 꽤 인기 있는 물건인 듯해.

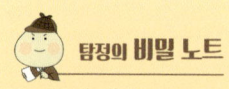

탐정의 비밀 노트

☑ **그리스정교회**
크리스트교의 한 종파야. 여기서 그리스는 오늘날 그리스 국가 아닌 고대 그리스 문화를 계승한 동로마제국 전체를 의미한단다.

☑ **신도**
종교를 믿는 사람들을 의미해.

그림 속 사람들은 어떤 물건을 사려고 한 것일까? 그림 속에 답이 있어. 그들이 사려고 한 물건은 종이였어. 매우 특별한 종이였지. 예수 그리스도를 믿는 크리스트교는 교리의 해석에 따라 러시아를 중심으로 한 그리스정교회와 로마를 중심으로 한 로마가톨릭으로 나뉘었어.

당시 로마가톨릭에서는 성직자들이 하나님의 뜻을 사람들에게 알려 주는 역할을 했어.『성경』이 라틴어로 적혀 있어 일반 사람들이 읽기 어려웠기 때문이야.『성경』을 읽을 수 없었던 신도들은 교황의 결정이『성경』에 근거한 것인지 아닌지 확인할 방법이 없었어. 그래서 그들은 교황이 결정한 일을 그대로 따랐어. 교황이 결정한 일에 반대한다는 것은 하나님의 뜻에 반대한다는 것과 마찬가지였지.

그러던 16세기, 교황은 성 베드로 성당 증축 비용을 마련하기 위해 면벌부를 판매하였어. 면벌부는 죄에 따라 받아야 할 벌을 면해 준다는 증명서였어.

이에 독일의 신학자 루터는 로마가톨릭의 부패와 면벌부 판매를 비판하며 95개조의 반박문을 냈어. 루터는 모든 인간은 오직 믿음으로 구원받을 수 있다고 주장하며, 돈을 주고 면벌부를 사는 대신 믿음으로 하나님께 죄를 용서받아야 한다고 말하였지.

또 루터는 성직자를 통하지 않고도 모든 사람은 하나님 앞에 나아갈 수 있다고 했어. 이를 위해 루터는 일반 성도들이 직접 『성경』을 읽고 하나님의 뜻을 바르게 이해해야 한다고 생각했지.

그래서 그는 라틴어로 적힌 『성경』을 독일어로 번역했어. 그가 번역한 『성경』은 때마침 발전한 인쇄술 덕분에 유럽 전역으로 빠르게 퍼져 나가게 돼.

부패한 로마가톨릭에 환멸을 느끼던 사람들은 종교개혁자들의 주장을 환영했어. 그리고 이들에 의해 탄생한 새로운 종교(신교)는 서유럽 전 지역으로 빠르게 확산하게 돼.

그 결과 오랜 기간 서유럽에 큰 영향을 행사한 로마가톨릭 세계의 질서가 흔들리고 구교(로마가톨릭)와 신교 간의 종교 대립이 심해지게 된단다.

특히 구교의 영향력이 강했던 프랑스에서는 신교를 강하게 탄압했는데, 그 때문에 프랑스 내 신교를 믿는 사람들이 신앙의 자유를 찾아 프랑스를 떠나게 돼. 문제는 신교를 믿는 사람 중 교육과 기술 수준이 높은 전문직들이 많았다는 거야. 프랑스를 떠나 다른 나라로 이주한 신교도들은

▶ 루터

이주한 국가의 산업 발전에 크게 이바지했어. 반면 자국의 뛰어난 인재를 내몬 프랑스는 경제적으로 큰 타격을 입고 이후 경제 상황이 더 나빠지며 훗날 세계사에도 큰 영향을 끼친 사건이 프랑스에서 발생하게 된단다.

만두 탐정의 아틀리에

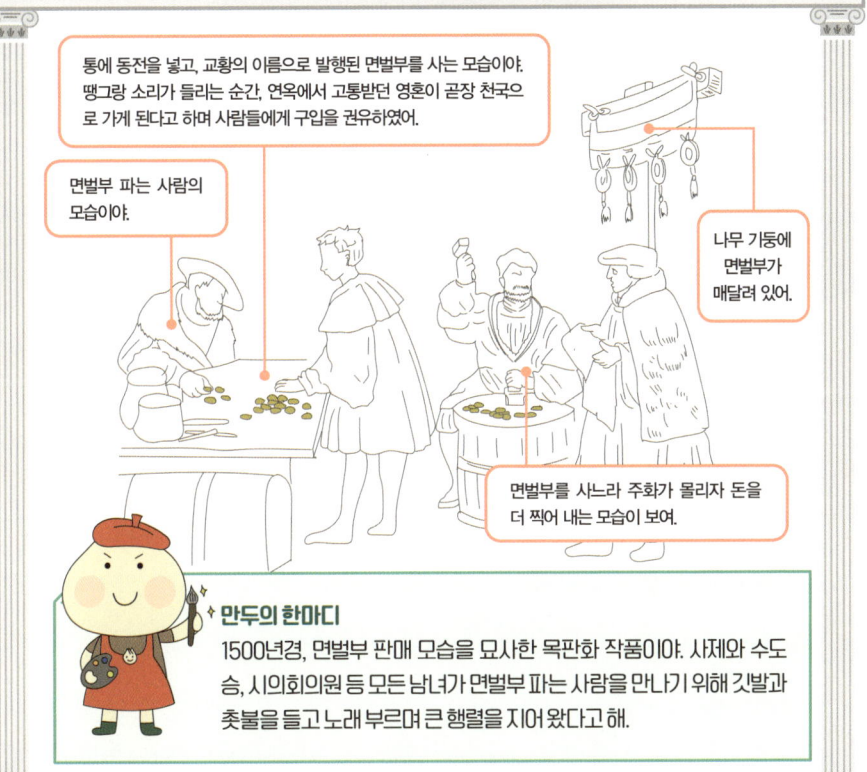

통에 동전을 넣고, 교황의 이름으로 발행된 면벌부를 사는 모습이야. 땡그랑 소리가 들리는 순간, 연옥에서 고통받던 영혼이 곧장 천국으로 가게 된다고 하며 사람들에게 구입을 권유하였어.

면벌부 파는 사람의 모습이야.

나무 기둥에 면벌부가 매달려 있어.

면벌부를 사느라 주화가 몰리자 돈을 더 찍어 내는 모습이 보여.

✦ 만두의 한마디
1500년경, 면벌부 판매 모습을 묘사한 목판화 작품이야. 사제와 수도승, 시의회의원 등 모든 남녀가 면벌부 파는 사람을 만나기 위해 깃발과 촛불을 들고 노래 부르며 큰 행렬을 지어 왔다고 해.

종교개혁은 무엇을 변화시켰는가? ☑ HINT 면벌부, 루터, 가톨릭, 신교

원인	16세기, 서유럽을 지배한 로마 ~~~~~~~ 이 부패한다. 성 베드로 대성당 건설 비용을 마련하기 위해 ~~~~~~~ 가 판매된다.
과정	~~~~~~~ 는 면벌부를 비판하여 95개조 반박문을 내었다. 그는 면벌부가 아닌 오직 믿음으로 구원을 얻을 수 있다고 주장하였다. ~~~~~~~ 는 서유럽 지역에 빠르게 확산되었다.
결과	구교와 신교 간의 종교 대립이 심화되었다. 신앙의 자유를 찾아 프랑스를 떠난 신교도들은 전문직이 많았다. 이들이 프랑스를 이탈하여 프랑스 경제는 큰 타격을 입는다.

정답: 가톨릭, 면벌부, 루터, 신교

말은 세계 역사를 어떻게 바꾸었을까?

A.D. 375년
게르만족의 대이동

A.D. 375

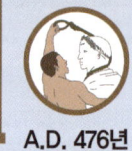

A.D. 476년
서로마 멸망

몽골은 한때 세상의 절반을 차지하였어. 몽골은 어떤 무기를 가졌길래 세계를 그들의 발아래에 둘 수 있었을까? 그들에게는 말이 있었어. 말이 무슨 힘이 있었냐고? 말이 가진 파괴력은 상상 이상이었어. 강력한 기마병이 세상을 어떻게 변화시켰는지 알아볼까?

A.D. 1206년
몽골제국 성립

A.D. 1200   A.D. 1300   A.D. 1400

A.D. 1370년
티무르 왕조 성립

전투력 최강 유목민족, 중국 역사를 바꾸다

 농사를 짓는 민족과 다르게 척박한 환경에서 살아남아야 하는 유목민족은 어릴 때부터 강하게 컸어. 말을 타고 사냥감을 향해 활을 쏘는 것은 그들의 일상생활이었어. 군사 훈련과 다를 바 없는 생활을 하며 유목민족은 자연스레 강한 군대를 가지게 되었단다.

 농사를 짓는 민족에게 유목민족은 매우 번거로운 상대였어. 유목민족은 농사를 짓는 민족과 다르게 지켜야 할 것이 없었기 때문이야. 그들은 특정한 곳에 집을 짓지 않고 초원을 따라 항상 이동했고 농경민족은 그런 유목민족이 부담스러웠어.

▶ **말을 타는 흉노족**
흉노의 노(奴)는 노예란 뜻으로 중국의 역사 기록자들이 그들을 비하하기 위해 붙인 거야.

중국 대륙의 위쪽에도 유목민족이 살고 있었어. 바로 흉노족이었지. 전투력이 뛰어난 흉노는 중국에 큰 위협이었어. 흉노는 여러 나라로 나뉜 중국의 땅을 침략하곤 했는데, 흉노족의 침입을 막기 위해 춘추전국 시대의 여러 나라가 자신들의 땅에 장성을 쌓았단다.

후에 중국을 통일한 진시황제는 기원전 220년, 남아 있는 장성들을 하나로 연결하여 그 유명한 만리장성을 완성하였지.

진시황제 이후 다시 한번 중국을 통일한 한나라 유방도 흉노에게 애를

▼ 만리장성
시간이 지나 무너져 내린 만리장성은
명나라 때 복원되어 지금의 모습을 갖추게 돼.

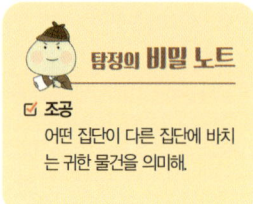

조공
어떤 집단이 다른 집단에 바치는 귀한 물건을 의미해.

먹었어. 흉노와의 전쟁에서 패한 유방은 흉노를 형의 나라로 섬기며 조공을 바치기까지 했지.

오랜 기간 흉노족을 형으로 받들던 한나라는 한 무제에 이르러 굴욕적인 관계를 청산하게 돼. 한 무제는 곽거병을 시켜 흉노족을 공격하게 했고 명장 곽거병은 흉노족의 근거지까지 깊숙이 들어가 흉노족을 물리쳤어. 그간 쌓였던 분노와 설움을 한나라가 한 방에 날려 버린 거야.

이후 흉노족은 영원히 사라졌을까? 아니야. 그렇지 않아. 조용히 힘을 기른 흉노족은 중국이 혼란에 빠질 때 다시 등장하게 된단다.

만두 탐정의 아틀리에

역사스타그램 완성하기

☑ HINT 만리장성, 곽거병, 흉노족

Jinsihwang_love

mr.gong님 외 21,040명이 좋아합니다

Jinsihwang_love 기원전 220년, _____이 내려오는 것을 막기 위하여 남아 있는 장성들을 하나로 연결하고 기념으로 찰칵!

_____ #진시황제 #흉노족NO

HanUbang 저는 한나라 유방입니다. 저는 흉노와의 전쟁에서 패하고 흉노를 형의 나라로 섬기며 조공을 바치기까지 했습니다. 아직까지도 치욕스럽습니다.

Muje-muze

GO_gwak님 외 16,040명이 좋아합니다

Muje-muze 한나라 한무제입니다. 흉노족을 물리칠 훌륭한 군사들!! 지금 당장 메시지 주시게나. 우리가 당한 분노와 설움을 날려 버립시다.

#흉노족정벌 #한무제 #굴욕관계청산

GO-gwak 저는 _____입니다. 한무제 황제께서 허락해 주신다면, 제가 흉노족의 근거지까지 깊숙이 들어가 한나라의 복수를 위해 힘쓰겠습니다.

훈족이 일으킨 나비효과

한 남자가 석상에 올라타 있어. 오른쪽으로 시선을 돌리면 도시를 불지르는 사람들도 볼 수 있단다. 이 그림은 어떤 사건을 배경으로 하였을까? 우리나라의 핵심 지역은 어디라고 생각하니? 사람마다 다르게 대답할 수 있어. 그래도 많은 사람이 서울을 우리나라의 핵심 지역으로 꼽을 거야. 그 이유는 서울이 우리나라의 수도이기 때문이지.

▶ 실베스트르,
〈야만족에 의한 로마의 함락, 410년〉
문명을 파괴하는 야만인으로 게르만족을 묘사하였어.

그럼 로마제국의 핵심 지역은 어디일까? 우리나라와 마찬가지로 수도인 로마였을까? 아니야. 로마제국의 핵심 지역은 그리스와 소아시아 그리고 이집트가 위치한 동로마였어. 당시 동로마는 유럽과 아시아를 잇는 교통의 중심지였고, 해상무역까지 발달해 있었지.

동로마 일대가 경제적으로나 문화적으로 상당히 발달했던 데 반해 서로마는 상대적으로 문명의 발달이 느렸어. 생산량도 이집트가 있는 동로마 일대와 비교해 뒤처졌지. 서로마의 지형은 다른 민족의 침입을 막기에도 불리했어.

여러모로 불안 요소가 많았던 서로마는 제국이 동로마와 서로마로 분열될 때 한 번의 위기를 맞이했어.

하지만 진정한 위기는 먼 중앙아시아의 훈족으로부터 시작되었지. 중앙아시아 출신인 훈족은 한나라에 쫓겨 그 모습을 감춘 흉노족의 후예라는 얘기가 있어. 훈족이 자신들에 관한 기록을 남겨 두지 않아 흉노족의 후예라는 것이 확실하지 않지만, 훈족 또한 흉노족과 마찬가지로 말을 잘 타고 싸움을 잘했지. 갑작스레 등장한 훈족은 서쪽으로 진격해 게르만족을 공격했고, 중앙아시아 출신의 막강한 훈족을 막아 낼 수 없던 게르만족은 훈족을 피해 로마제국 내로 대거 이동하게 된단다. 이를 '게르만족의 대이동'이라고 해.

이후 로마제국과 평화로운 관계를 유지하던 훈족은 '신의 채찍'이라 불리는 아틸라가 훈족의 최고 지도자 자리에 오르며 동로마와 서로마를 차

아틸라 ▲
교황과의 협상 후 이탈리아로 향하던 아틸라의 진격이 멈췄어.

례로 공격하게 돼. 아틸라를 혼자 막아 낼 수는 없었던 로마는 로마제국 내로 들어온 게르만족과 연합하여 아틸라에게 맞섰지. 그러던 중 로마제국에 뜻밖의 행운이 찾아와. 로마제국을 공포로 몰아넣은 아틸라가 갑작스레 죽게 된 거야. 훈족은 아틸라가 죽은 후 급격히 몰락했고 그 덕분에 로마는 짧은 평화를 누릴 수 있게 돼.

▼ 게르만족의 이동 경로

하지만 훈족의 날갯짓은 로마에 태풍이 되어 불어왔어.

훈족이 물러간 이후, 제국의 방어선 곳곳을 위협하는 이민족들을 막을 힘이 없던 서로마는 강인한 게르만족을 용병으로 고용해 서로마를 지키게 했어. 게르만족이 돈을 받는다는 이유로 로마를 목숨 바쳐 지키려 했을까? 아니야. 황제를 가까이에서 지키던 게르만의 용병대장, 오도아케르는 로마를 지키기는커녕 서로마를 직접 멸망시켜 버려(476년).

만두 탐정의 아틀리에

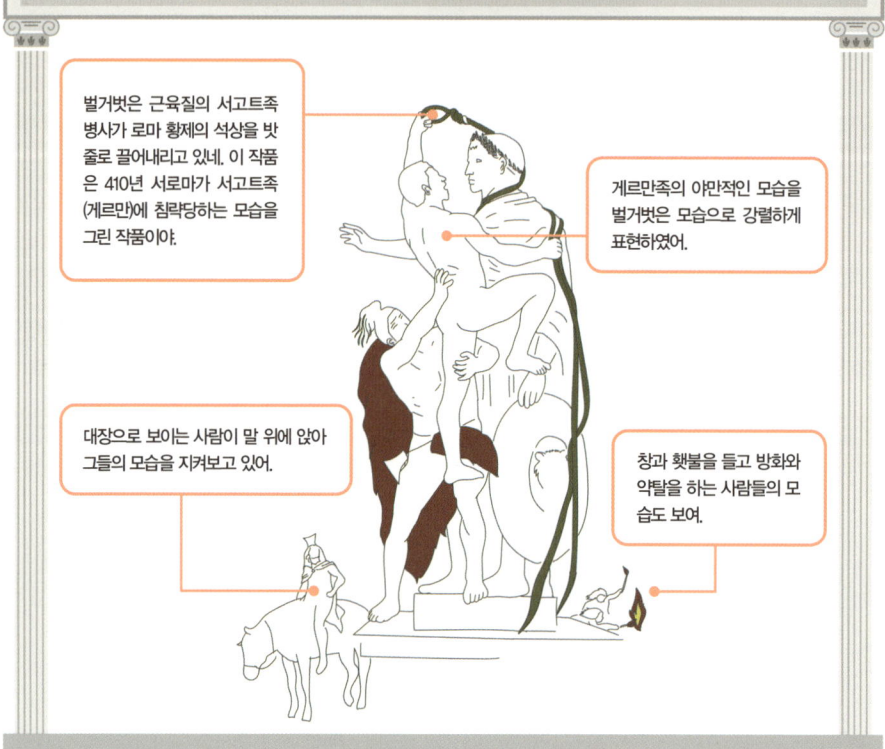

- 벌거벗은 근육질의 서고트족 병사가 로마 황제의 석상을 밧줄로 끌어내리고 있네. 이 작품은 410년 서로마가 서고트족(게르만)에 침략당하는 모습을 그린 작품이야.
- 게르만족의 야만적인 모습을 벌거벗은 모습으로 강렬하게 표현하였어.
- 대장으로 보이는 사람이 말 위에 앉아 그들의 모습을 지켜보고 있어.
- 창과 횃불을 들고 방화와 약탈을 하는 사람들의 모습도 보여.

발견! 역사 노트

☑ HINT 게르만, 서로마, 훈족, 아틸라

나비효과

- _____의 공격 ➡ _____족의 대이동 ➡ _____ 멸망
- 흉노의 후예일 것으로 추정되는 한 유목민족의 움직임은 세계 역사를 크게 뒤바꾸어 놓아.

신의 채찍, _____

유럽인에게 공포의 대명사로 불린 아틸라, 대제국을 건설한 그는 로마까지 침공하려 하였으나 교황 레오 1세의 설득을 받아들여 철군했어.

정답: 훈족, 게르만, 서로마, 아틸라

충성? 우리는 그런 거 몰라요, 계약한 대로만 싸웁니다

번쩍번쩍 빛나는 갑옷을 입고 말 위에서 적들을 향해 돌진하는 나는 기사야. 나는 하나님의 말씀에 따라 약한 사람을 지켜 주는 정의의 사도란다.

멋져 보이니? 너도 기사를 하고 싶다고? 아쉽지만 기사를 하고 싶다고 모두가 기사가 될 수는 없어. 잘 싸우기만 하면 되는 것 아니냐고? 아니야. 기사가 되려면 돈이 필요했어.

기사는 기본적으로 말을 타고 싸우는 사람이야. 당시의 말은 오늘날의 탱크와 같았

▶ 중세 시대 기사
대포와 총이 등장하기 전까지 기사는 전장에서 중요한 역할을 했어.

어. 말을 타고 적들을 향해 돌격하면 그 누구도 우리를 막을 수 없었어. 적들이 화살을 쏘면 어떻게 하냐고?

그걸 대비해서 기사들은 금속으로 만든 단단한 갑옷을 입고 전투에 나갔어. 말과 갑옷이 없으면 기사 노릇을 할 수도 없었던 거지.

나라에서 말과 갑옷을 제공해 주는 것 아니냐고? 아니야. 오늘날 군대에서는 군인에게 필요한 장비들을 모두 보급해 주지만 당시에는 기사가 직접 모든 것을 준비해야 했어.

이해를 돕기 위해 중세 시대 어느 기사의 이야기를 들려줄게.

"사실 나는 가난한 기사라 땅도 없고 돈도 없어. 그렇다고 다른 사람의 물건을 훔칠 수도 없었지. 나는 정의로운 기사니까 말이야. 이번 달에는 얼마 없는 돈을 말을 키우는 데 다 써버렸어.

얼마나 많이 먹는지 말을 팔아 버리고 싶을 때가 한두 번이 아니야. 하지만 말을 팔면 기사라 할 수 없지. 정식으로 취직을 해야 형편이 나아질 것 같아. 때마침 근처에 좋은 영주님이 있다고 하는데 영주님께 내가 얼마나 괜찮은 사람인지 알려 꼭 취직하고 말 거야."

기사의 이야기 잘 들었니? 서양의 중세 시대에는 강력한 힘을 가진 사람이 없었어. 그 때문에 사람들은 다른 사람과의 계약을 통해 자신에게 부족한 것을 채웠지. 이러한 계약은 아랫사람뿐 아니라 윗사람도 꼭 지켜야 하는 것이었어.

중세의 기사들은 왕의 군대에 속한 자들이 아니었어. 그 지역에서 힘이

▶ 중세 시대 기사들의 모의 전투
중세 대표 궁정시인들의 사랑가를 수록한 책 『마네세 법전』의 삽화야. 중세 시대 기사들의 복식과 전투 모습을 살펴볼 수 있어.

센 영주와 계약을 맺고 싸우는 개인사업자였지. 고대 로마군과 다르게 그들은 나라를 위해 하나가 되어 싸우지 않았어. 기사들은 계약서에 적힌 대로만 싸웠고 그 대가로 영주에게 땅을 받았단다. 그리고 계약에 따라 영주들은 기사들을 부리며 자기 지역에서 왕 노릇을 할 수 있었어.

이렇게 혈연이나 믿음이 아닌 상호 간의 철저한 계약으로 맺어진 당시 중세 제도를 봉건주의라고 해.

만두 탐정의 아틀리에

마음에 드는 기사를 응원하고 있나 봐. 기사들의 모의 시합은 많은 군중이 참석하는 인기 있는 행사였다고 해.

기사들의 투구는 뿔, 날개, 갈기, 민머리 투구가 있는데, 이는 『성경』의 속 복음서 주인공을 상징해.

14세기 초, 모의 근접 전투를 하는 모습을 그렸어. 두 그룹의 무장한 기병 간의 모의 전투는 한 해에 몇 십 명의 기사가 사망할 정도로 위험했어. 이후 뚜껑이 달린 마상창을 이용한 마상 시합으로 경기를 대체하였단다.

만두의 한마디
『마네세 법전』에 실린 그림으로 중세 시대 기사들의 모습을 볼 수 있어. 중세 유럽에서는 평화 시에 무예 연마를 위해 무장한 기사들끼리 말을 타고 경기를 벌이곤 했어.

발견! 역사 노트

☑ HINT 영주, 기사, 기사도

전격해부

- 말을 타고 싸우는 사람으로 갑옷을 구하고 말을 키우는 데 많은 비용이 발생했어.
- 왕의 군대가 아닌 _____ 와 1 대 1 계약을 맺고 싸우는 개인사업자로 영주에게 충성을 맹세하고 땅을 하사받았어.

정신

- 중세 기사들이 따라야 하는 행동규범이었어.
- 정정당당하게 싸우는 것을 미덕으로 여기는 문화 때문에 온갖 속임수가 난무하는 전쟁에서는 비효율적이었지.

정답: 기사, 용병, 기사도

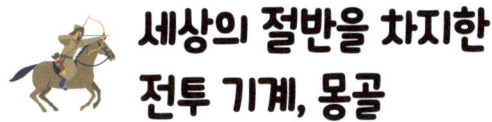 세상의 절반을 차지한 전투 기계, 몽골

몽골의 초원은 농사짓기 적합하지 않은 곳이었어. 몽골의 부족들은 먹을 것을 얻기 위해 서로의 것을 약탈했어. 강하지 않으면 살아남을 수 없었지. 어린 시절 칭기즈칸도 부족의 칸이었던 아버지를 잃자, 그 즉시 친척들과 부족 사람들에게 버림받게 돼.

힘이 약해지자 한순간에 빈털터리가 된 거야. 모든 것을 잃은 칭기즈칸은 현실에 좌절하지 않았어. 그 대신 악착같이 버티며 힘을 키웠지.

칭기즈칸은 사람들에게 인기가 많았어. 전투에서 승리하고 얻은 전리품을 부하들에게 나누어 주었기 때문이야. 칭기즈칸이 실력으로 사람을

▶ 칭기즈칸
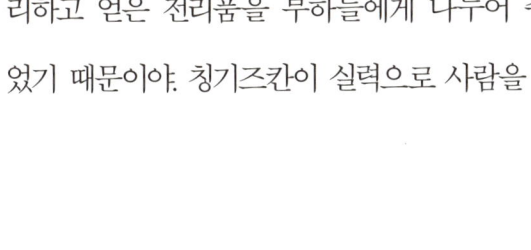
칭기즈는 몽골어로 위대하다는 뜻이고,
칸은 부족 혹은 몽골족 전체의
우두머리를 의미해.
본명은 테무친이었어.

뽑는다는 이야기까지 퍼지자 점점 많은 사람이 칭기즈칸을 따르게 돼. 칭기즈칸은 이후 주변 부족들을 모두 무너뜨리고 1204년, 몽골 초원을 통합시켜.

몽골을 통합한 칭기즈칸은 여진족이 세운 금을 공격할 계획을 세웠어. 칭기즈칸이 금나라를 공격하려고 했던 이유는 무엇일까?

첫째 금나라에 대한 복수야. 몽골이 그들에게 위협이 될 것이라고 예상한 금나라는 몽골이 통합되지 못하도록 몽골을 끊임없이 견제하고 괴롭혔어.

둘째는 현실적인 이유였어. 당시 동아시아 최고 중심 지역을 차지하고 있던 금나라는 경제적으로 상당히 부유한 나라였어. 풍부한 물자를 가진 노른자 땅을 차지한다면 몽골은 빠르게 세력을 키울 수 있었지.

1211년, 몽골은 자신들보다 덩치가 훨씬 큰 금나라로 진격해. 어린 시절부터 말과 한몸이 되어 자란 몽골 기병들은 전투 기계였어. 전투를 여러 차례 거듭하며 다양한 전술을 자연스레 익힌 몽골군은 적이 어떠한 전술을 가지고 와도 쉽게 무찔러 버렸어. 결국 1234년 금나라는 몽골군의 공격을 견디지 못하고 멸망해 버린단다. 금나라가 멸망한 후에도 몽골군은 진격을 멈추지 않았어.

그들은 말발굽을 돌려 서쪽까지 공격했지. 결과는 어땠을까?

강력한 군사력과 경제력을 자랑하던 나라들도 산전수전 다 겪은 몽골군을 당해낼 수 없었어. 몽골군은 항복한 적에게는 관용을 베풀었지만, 자신들에게 저항하는 적은 가차 없이 몰살시켰지. 자신들이 가질 수 없는

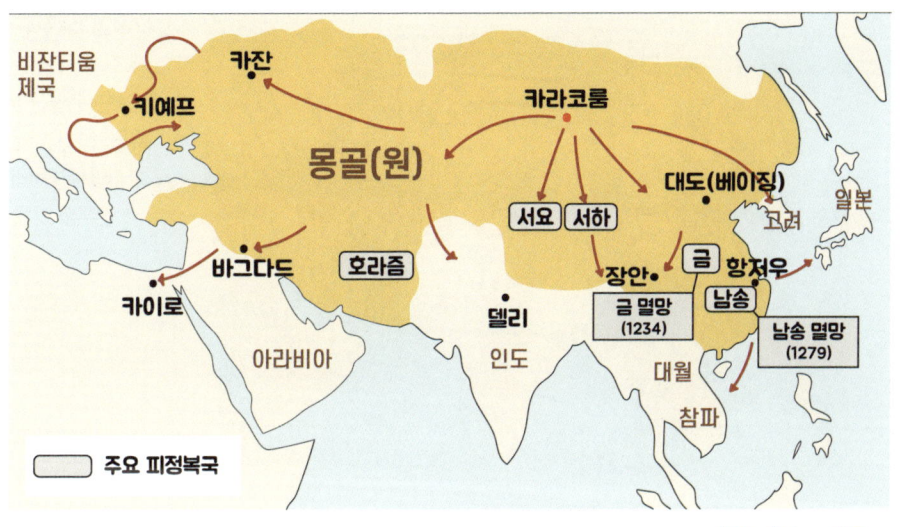

▲ 몽골제국 최대 영토

것은 모두 다 파괴했어. 그들이 지나간 곳은 풀 한 포기조차 자라지 않는 황무지가 되었지.

그렇게 아시아에 이어 유럽까지 진격하던 몽골군은 유럽에서 큰 명성을 떨치던 기사단을 만나게 돼. 아시아와 유럽의 최강 군대가 마주한 거야. 유럽 기사단의 눈에 비친 몽골군은 매우 볼품없었어. 크고 멋진 말을 타고 화려한 갑옷으로 중무장한 자신들과 달리 몽골군은 흙먼지가 묻은 갑옷을 입고 상대적으로 작은 말을 타고 있었기 때문이야. 몽골군을 얕잡아 본 유럽의 기사단은 몽골군을 향해 거침없이 달려갔어. 결과는 어떻게 되었을까? 세계 최강 몽골군을 우습게 본 대가는 컸어.

유럽의 기사단을 유인한 몽골군은 유럽의 기사단을 전멸시켜 버리지.

◀ 〈레그니차 전투〉
레그니차 전투는 1241년 몽골군이 유럽의 기사단을 전멸시켜 버린 전투를 말해.

이 전투의 패배로 유럽 전역은 충격에 빠지게 돼. 사람들은 몽골군이 자신들이 사는 곳으로 혹여나 오지 않을까 항상 두려움에 떨어야 했지.

아시아에 이어 유럽까지, 세상의 절반을 차지한 몽골은 세계 역사에 뜻하지 않는 결과를 가져왔어. 당시 실크로드는 재물을 탐낸 도적들로 들끓었는데 몽골제국이 실크로드를 장악하게 되면서 실크로드의 도적 수가 급격히 줄어들게 된 거야. 그 덕분에 실크로드를 통한 동양과 서양의 경제 및 문화 교류가 활발히 이뤄지게 된단다.

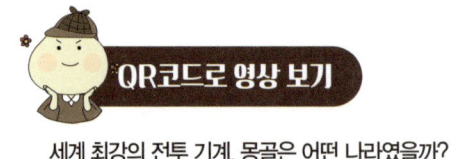

QR코드로 영상 보기

세계 최강의 전투 기계, 몽골은 어떤 나라였을까?

만두 탐정의 아틀리에

몽골군은 주로 화살을 활용해 폴란드군과 싸웠어.

실레시아의 문장으로 노란색 바탕에 검은 독수리가 그려져 있어.

몽골군의 거짓후퇴 전술에 걸려든 폴란드군은 말을 몰아 몽골군을 쫓았어. 그 때문에 기병과 간격이 벌어진 폴란드 보병대는 갑자기 나타난 몽골군의 화살에 맞아 꼼짝없이 당할 수밖에 없었어.

폴란드군은 주로 칼과 창을 이용하여 몽골군과 싸웠어.

만두의 한마디
폴란드계 공국(실레시아)의 헨리크 2세가 레그니차에서 약간 떨어진 발슈타트 평원에서 8,000의 병력을 모아 몽골군과 대치한 전투를 그린 그림이야. 전쟁 결과, 헨리크 2세 연합군 대부분이 전멸하였고 헨리크 2세도 참수당하게 돼.

발견! 역사 노트

☑ HINT 역참, 칭기즈칸, 금, 몽골

전투 기계

- 1204년, _____ 이 몽골족을 통합했어.
- 최강 기마병을 앞세워 _____ 나라를 멸망시키고 세상의 절반을 차지해.

몽골의 비밀무기, _____

건강한 말과 파발꾼이 이곳에 항시 대기하여 중앙과 지방 사이의 정보를 빠르게 전달했어. 몽골의 거대한 통신망 덕분에 동서양 교류가 활발해지게 돼.

정답: 칭기즈칸, 금, 역참

몽골제국의 부활을 꿈꾼
절름발이 정복자, 티무르

▲ 클레봅스크, 〈티무르의 바예지드 포획〉

 가만히 위 그림을 들여다볼까? 오른쪽에 망연자실한 표정으로 힘없이 누워 있는 사람은 오스만제국의 제4대 군주였던 바예지드 1세야. 왼쪽에 자신만만한 표정으로 바예지드 1세를 내려다보는 사람은 그럼 누구일까?

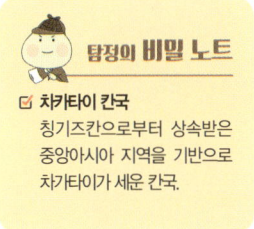

탐정의 비밀 노트

☑ **차가타이 칸국**
칭기즈칸으로부터 상속받은 중앙아시아 지역을 기반으로 차가타이가 세운 칸국.

그가 누구인지 지금부터 함께 알아보자.

칭기즈칸과 그 후예들이 세운 세계 최강대국 몽골도 시간이 흐르며 점차 그 힘이 약해졌어. 그때 차가타이 칸국에서 티무르가 태어났어. 그는 군사적인 능력이 상당히 뛰어났다고 해. 칭기즈칸의 피를 이어받지 못해 칸이 될 수는 없었지만, 티무르는 군사적 능력 덕분에 칸에 버금가는 실질적인 권력을 행사할 수 있었어.

티무르는 정복 과정에서 항복하지 않은 지역을 철저히 파괴했는데, 이 때문에 당시 사람들에게 티무르는 공포의 대상이었어.

무자비하게 주변 지역을 정복한 티무르는 눈길을 인도로 돌렸어. 재물이 풍부한 인도는 약탈을 즐겨 하던 티무르군(軍)에게 최적의 먹잇감이었지.

인도는 티무르군을 막기 위해 전투 코끼리를 투입했어. 전투 코끼리의 전투력은 무시무시했지. 사람보다 훨씬 큰 전투 코끼리 부대가 사람을 공격한다고 생각해 봐. 얼마나

▶ **티무르**
서양에서는 그가 생전에 다리를 절룩거렸다는 이유로 절름발이 티무르라고 불러.

▶ **인도의 전투 코끼리**
적의 전열을 무너뜨리거나
적을 밟아 버리는 데 이용되었어.

 무서웠겠니? 처음 본 광경에 당황한 티무르군과 달리 티무르는 침착하게 전투 코끼리를 상대할 방법을 찾았어.

 티무르는 낙타 위에 올린 짚과 나무에 불을 내어 낙타를 코끼리 쪽으로 달리게 했어. 티무르는 무슨 생각으로 이런 행동을 지시했을까? 그는 겁이 많은 코끼리의 속성을 이용한 거야. 티무르의 꾀에 놀란 코끼리는 뒷걸음질을 치며 인도군을 깔아뭉개기 시작했어. 그 결과 인도군의 전열은 크게 흐트러졌고 이 틈을 놓치지 않고 공격한 티무르군은 끝내 승리할 수 있었지. 이후 티무르는 인도의 수많은 재물을 빼앗고 도시를 파괴하였어.

 티무르의 정복 활동은 여기에서 멈추지 않았어. 티무르는 당시 신흥 강국으로 떠오르던 오스만제국과도 전투를 벌였지. 하지만 오스만제국은 쉬

만두 탐정의 아틀리에

자신만만한 표정으로 바예지드 1세를 내려다보는 사람은 절름발이 정복자로 불리는 티무르야.

망연자실한 표정으로 힘없이 누워 있는 사람은 오스만제국의 제4대 군주였던 바예지드 1세야. 그림과 달리 당시 실제 노인은 티무르였어. 노인으로 표현된 바예지드 1세는 당시 티무르보다 젊은 나이였단다.

만두의 한마디
1402년, 티무르는 오스만제국과 전쟁을 벌여 앙카라 전투에서 술탄 바예지드 1세를 생포했어.

발견! 역사 노트

☑ HINT 사마르칸트, 티무르, 동서 무역

_____, 그가 알고 싶다

나는 단 한 차례의 전쟁도 패배하지 않았지.
나는 몽골의 후예로서 옛 페르시아의 영토인 중동과 중앙아시아, 인도의 북부까지 점령하며 거대한 제국을 건설했소.

제국의 수도, _____

세계 문화 유산으로 등재된 도시야. 티무르가 정복한 도시들의 전리품이 가득했다고 해. _____의 중심지로 큰 번영을 누렸지.

정답: 티무르, 사마르칸트, 동서 무역

5부

서양은 그들이 우러러보던 동양을 어떻게 뛰어넘었을까?

A.D. 1299년
오스만제국 건국

A.D. 1300   A.D. 1400

A.D. 1453년
동로마 멸망

오랜 기간 동양은 인구, 경제력, 군사력, 문화 등 여러 방면에서 서양을 압도했어. 중국의 발명품과 이슬람의 과학 수준은 서양을 놀라게 했지. 그런데 어느 순간 서양이 동양을 역전하게 돼. 무슨 일이 있었던 걸까?

A.D. 1492년
콜럼버스 아메리카 대륙 발견

A.D. 1533년
잉카제국 멸망

A.D. 1500 — A.D. 1550

A.D. 1521년
아스테카제국 멸망

 알코올, 알고리즘이 다 아랍어? 잠든 유럽을 깨운 아랍의 놀라운 지식

옛날 사람들은 자연 현상을 보고 어떻게 생각했을까? 옛날 사람들은 자연에서 일어나는 모든 일을 신이 행한 일이라고 보았어. 번개가 갑자기 내리치거나 비가 오랜 기간 내리지 않는 것 등의 자연 현상은 당시의 관점에서 보면 신이 분노해서 일어난 현상이었던 거야.

옛날 사람들은 전염병도 자연 현상을 보는 관점으로 보았어. 중세 유럽에서는 전염병이 발생한 원인을 악마의 소행으로 보았지. 그래서 그들은 전염병을 막기 위해 악마와 결탁한 마녀를 찾게 돼. 이 과정에서 무고한 사람들이 마녀로 몰려 희생되었단다. 이를 '마녀사냥'이라고 해. 과학이 발달한 오늘날의 시각으로 보면 이해할 수 없는 일이지.

아랍 지역은 자연 현상을 어떻게 바라보았을까? 이에 대한 답을 먼저 알기 전에, 당시 아랍에서 수학과 과학이 얼마나 발달되었는지 알아볼까? 오늘날 우리가 사용하는 숫자를 다른 말로 뭐라고 부르는지 알고 있니? 맞아.

아라비아 숫자라고 해. 그건 아랍 사람들이 숫자를 사용하기 편하게 만

▶ 아랍의 과학자들

들었기 때문이지. 이처럼 아랍에서는 특히 수학과 과학이 발달했었어. 오늘날 우리가 흔히 사용하는 알고리즘이나 알코올과 같은 용어가 모두 아랍어에서 나왔다는 것은 당시 아랍의 과학 수준이 얼마나 뛰어났는지를 잘 보여 줘. 아랍인들은 금을 만드는 것에도 관심이 많았어. 아랍인들은 금을 만드는 실험 과정에서 새로운 화학물질과 화학 기술을 발견하기도 했단다.

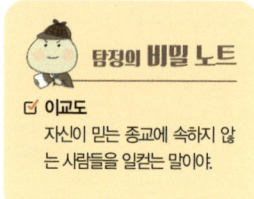
이교도
자신이 믿는 종교에 속하지 않는 사람들을 일컫는 말이야.

그런데 아랍에서 수학과 과학 등의 학문이 발달한 까닭은 무엇일까? 아랍의 학자들은 지혜의 집이라 불리는 곳에 모여 고대 그리스의 서적을 연구하고, 이를 아랍어로 번역했어. 그리고 아랍인들은 그렇게 얻은 지식을 기록하고 이슬람 세계에 전파하였지.

그 덕분에 아랍 세계는 수준 높은 지식과 문화를 누릴 수 있게 되었어.

그런데 이렇게 수학, 과학이 발전했던 아랍인들은 전염병을 어떻게 보았을까? 유럽과 마찬가지로 전염병을 신의 벌이라 생각했을까? 아니야. 중세 아랍인들은 의학적 지식도 뛰어났어. 그들은 전염병이 세균에 의해 발생한 것이라는 사실도 알고 있었지. 그래서 아랍의 의사들은 환자를 과학적인 방법으로 치료하기도 했어.

이러한 아랍 세계의 앞선 지식은 십자군 원정과 동로마제국 멸망으로 유럽에 전해지고, 유럽은 이교도라 부르며 적대시했던 아랍의 수준 높은 지식과 문화를 받아들이게 돼. 그 결과 유럽은 과학적 그리고 문화적으로 큰 발전을 이루게 된단다.

역사의 아이러니가 아닐 수 없어.

만두 탐정의 아틀리에

아랍 천문학자들은 아스트롤라베 등 다양한 천체 기구를 사용하여 지구의 둘레를 정확하게 계산하였고, 지구가 둥글다는 것을 증명하였어.

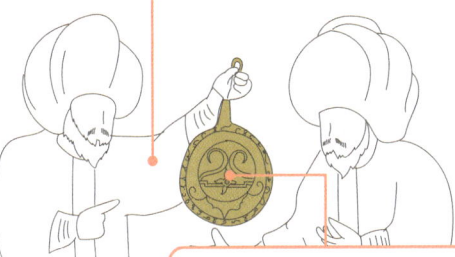

아랍 사람들은 별의 위치를 측정할 수 있게 해주는 아스트롤라베를 개발했어.

만두의 한마디
이스탄불 천문대 천문학자들의 모습이야. 오늘날에도 하늘에 있는 별의 절반 이상이 아랍어 이름을 갖고 있단다.

같은 시간 다른 공간에선 무슨 일이?

☑ HINT 수학, 전염병, 지혜의 집

유럽인
_____ 때문에 하루가 멀다 하고 사람이 죽어 나가는구나. 신이시여, 우리의 죄를 용서하시고 전염병을 발생시킨 악마를 처단해 주소서.

아랍인
우리는 _____ 에 모여 고대 그리스 서적을 연구하여 지식을 얻고 이를 전파했지. 여기선 특히 _____ 과 과학이 많이 발달했소. 아, 그리고 전염병은 신의 형벌이 아니라 세균에 의해 발생하는 것임을 우리는 이미 알고 있었다오.

정답: 전염병, 지혜의 집, 수학

배가 산으로 올라갔다고?
막을 내린 중세, 콘스탄티노폴리스 함락

게르만족의 침입으로 기원후 476년에 서로마가 멸망했어. 하지만 이는 로마제국 자체가 멸망한 것을 의미하지는 않았어. 제국의 수도는 동로마의 콘스탄티노폴리스였고 동로마는 주변 세력들의 위협에도 꿋꿋이 살아남아 제국의 영광을 이어나가고 있었지. 동쪽에서 세력을 떨친 페르시아도, 강력한 기마병을 앞세운 훈족도 동로마를 멸망시키지는 못했어.

천년의 제국, 동로마의 수도이자 아시아와 유럽을 연결하는 콘스탄티노폴리스는 동서양의 문명이 교차하는 곳이었어. 동서양의 많은 문물이 콘스탄티노폴리스를 통해 오고 갔지. 부유하고 제국의 수도라는 상징성까지 가진 콘스탄티노폴리스를 주변 나라에서 가만히 놔두었을까? 군침 도는 도시 콘스탄티노폴리스를 차지하기 위해 여러 나라가 도전했어. 하지만 콘스탄티노폴리스를 함락하기는 쉽지 않았지.

그 이유는 콘스탄티노폴리스가 바다로 둘러싸인 천연의 요새였기 때문이야. 바다가 무슨 도움이 되냐고? 바다는 적의 침입으로부터 콘스탄티노폴리스를 지켜주는 가장 튼튼한 방어막이었어. 도시 주변의 빠른 물살은

적이 콘스탄티노폴리스로 상륙하는 것을 어렵게 만들었지.

그럼 육지에서 공격하면 되지 않았을까? 바다가 닿지 않는 도시의 서쪽 방면만이 육지 공격이 가능했는데 그곳에는 절대 방어의 상징 테오도시우스 성벽이 있었어. 성벽은 그 어떤 적도 콘스탄티노폴리스 내부로 들어가는 것을 허용하지 않았지.

하지만 절대로 무너지지 않을 것 같은 콘스탄티노폴리스도 오스만제국의 젊은 황제의 집념 앞에 무너지게 돼.

오스만제국의 젊은 황제 메흐메트 2세는 어떻게 난공불락의 도시를 함락시킬 수 있었을까? 메흐메트 2세는 콘스탄티노폴리스의 유일한 약점을 노렸어. 바로 물살이 약한 골든 혼이었지. 골든 혼으로 배를 들여보내기만 한다면 콘스탄티노폴리스로 쉽게 상륙할 수 있었어. 그런데 동로마가 이

▶ 파우스토 조나로, 〈콘스탄티노폴리스 공성전에서 메흐메트 2세〉
말을 타고 골든 혼으로 배를 옮길 것을 지시하는 사람이 메흐메트 2세야.

것을 몰랐을까? 그들은 자신들의 약점을 너무 잘 알고 있었어. 그래서 동로마는 적의 배가 골든 혼으로 들어가지 못하도록 입구의 양쪽에 800미터 길이의 사슬을 놓아 차단했지.

다른 사람이었다면 여기서 쉽게 포기했을지도 몰라. 하지만 메흐메트 2세는 기상천외한 방식으로 이 문제를 해결해. 바로 배를 지고 언덕을 넘는 것이었지. 배의 무게가 얼마나 무거운데 그걸 들고 언덕을 넘는다고? 이건 그 누구도 상상할 수 없는 일이었지. 그런데 그 일이 실제로 일어났어.

▼ 오스만제국 군대 이동경로
적군의 함대가 골든 혼에 들어오는 것을 막기 위해 동로마는 거대한 쇠사슬을 설치했어.

오스만 군사들은 나무를 잘라 길을 내고 그 위에 기름을 발라 배를 이동시켰지. 언덕을 타고 넘어온 배들이 골든 혼에 등장하자 동로마 사람들은 충격에 빠졌어. 여기에 메흐메트 2세는 오스만제국의 최정예 부대까지 전투에 투입하며 2000년을 이어 온 로마제국의 수도 콘스탄티노폴리스를 함락해.

▲ 콘스탄트, 〈메흐메트 2세의 콘스탄티노폴리스 입성〉

콘스탄티노폴리스 함락 소식은 중세 유럽인들을 큰 충격에 빠트렸어. 그들에게 로마는 모든 것이었어. 로마의 문명을 받아들이고 로마가 국교로 채택한 기독교를 믿었던 유럽인들에게 있어 콘스탄티노폴리스는 단순한 도시가 아니었어.

콘스탄티노폴리스는 로마제국의 수도이자, 기독교를 로마의 국교로 선언한 콘스탄티누스 황제의 이름을 딴 도시였어. 로마제국과 기독교의 상징과 같은 도시가 다른 종교를 믿는 나라에 함락된다는 것은 중세 유럽인에게 세상이 망하는 것과 같은 일이었지.

콘스탄티노폴리스가 함락되자 동로마제국의 지식인들은 서둘러 같은 문명권의 이탈리아로 도망쳤어. 그들이 가져온 지식은 이탈리아를 문화적, 예술적으로 크게 성장시켰고, 이를 통해 이탈리아에서는 인간을 중심으로 한 예술이 꽃피우게 돼. 새로운 시대, 르네상스가 시작된 거야.

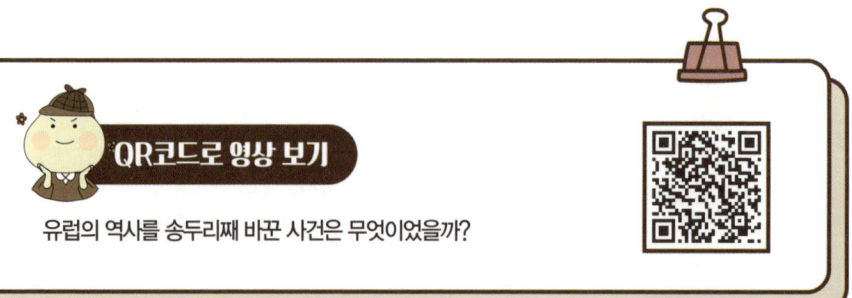

QR코드로 영상 보기

유럽의 역사를 송두리째 바꾼 사건은 무엇이었을까?

만두 탐정의 아틀리에

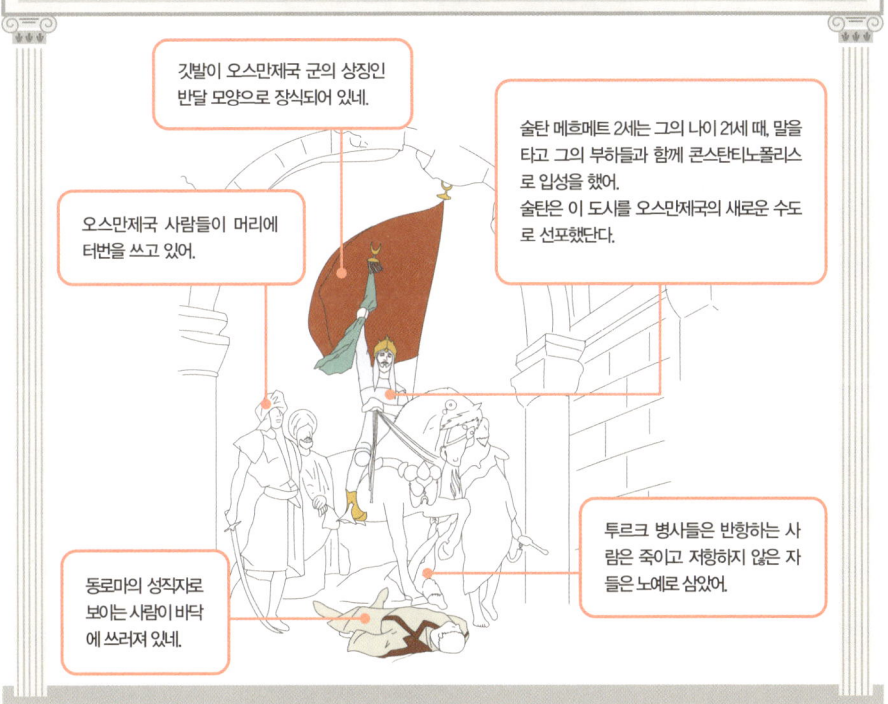

- 깃발이 오스만제국 군의 상징인 반달 모양으로 장식되어 있네.
- 술탄 메흐메트 2세는 그의 나이 21세 때, 말을 타고 그의 부하들과 함께 콘스탄티노폴리스로 입성을 했어. 술탄은 이 도시를 오스만제국의 새로운 수도로 선포했단다.
- 오스만제국 사람들이 머리에 터번을 쓰고 있어.
- 투르크 병사들은 반항하는 사람은 죽이고 저항하지 않은 자들은 노예로 삼았어.
- 동로마의 성직자로 보이는 사람이 바닥에 쓰러져 있네.

만두 TV 역사 현장 생중계

배를 지고 언덕을 넘은 메흐메트 2세
골든 혼에 나타나, 동로마를 충격에 빠트려.
2000년을 이어 온 로마제국의 수도 함락되다

만두TV
젊은 황제, 테오도시우스 성벽을 넘다

# 신이 아닌 인간의 시각으로!
르네상스 시대, 변화하는 유럽

◀ 시모네 마르티니, 〈수태고지〉
천사 가브리엘이 마리아에게 나타나 예수 그리스도의 잉태를 예고하고 있어.

이 작품의 특징을 찾을 수 있겠니? 맞아. 작품은 성스러운 내용을 담고 있어. 천사가 등장하고 십자가가 보이는 걸 보니 크리스트교와 관련된 주제를 작품에서 다룬 것 같구나.

글을 읽을 줄 아는 사람이 많지 않던 시기, 교회는 그림을 통해 사람들에게 전하고 싶은 메시지를 효과적으로 전달했어.

중세의 예술은 『성경』의 말씀과 성인(聖人)들의 이야기를 전달하는 도구로 역할을 하는 경우가 대부분이었어.

이렇게 1000년이 넘는 시간 동안 인간의 개성과 창의성은 자유롭게 발현되지 못한 채 묶여 있었어.

그런데 14세기 이탈리아의 피렌체를 중심으로 새로운 변화가 시작돼.

성스럽고 경건하게만 그려졌던 『성경』 속 인물에 인간의 감정이 들어가기 시작한 거야. 이러한 인간 중심의 문화는 사실 처음 등장한 게 아니었어.

서양 문화의 뿌리라 할 수 있는 고대 그리스에서는 이미 인간 중심 문화가 발달해 있었지. 고대 그리스인은 인간의 관점에서 세상을 보고 생각했어.

이러한 옛 그리스·로마의 사상, 문학, 예술을 바탕으로 한 인간 중심의 정신을 다시 일으키자는 움직임이 피렌체를 중심으로 한 이탈리아의 도시국가에서 일어나기 시작해.

그리고 이러한 움직임은 피렌체를 시작으로 서유럽으로 퍼져 나갔는데, 이 시기를 르네상스 시기라고 불러. 르네상스란 말 자체가 고대 그리스·로마 문화의 재탄생을 의미하지.

혹 〈모나리자〉라는 그림을 알고 있니? 눈썹이 없는 여인으로도 유명한 작품 말이야. 〈모나리자〉를 그린 화가, 레오나르도 다 빈치도 르네상스를 대표하는 예술가야. 레오나르도 다 빈치는 그림뿐 아니라 수학이나 과학 등 다양한 방면에 재능이 있었지. 그는 완벽한 구도와 비율로 그의 작품 〈최후의 만찬〉과 〈모나리자〉 등을 완성하였단다.

르네상스를 대표하는 예술가로서 미켈란젤로도 빼놓을 수 없어. 미켈란젤로의 대표작 〈다비드상〉에서 우리는 살아 움직이는 듯한 근육 표현을, 〈피에타〉에서는 완벽한 구도와 세밀하게 표현된 옷 주름을 볼 수 있지. 이 외 바사리, 보티첼리 등 르네상스 시기 다양한 예술가들의 손을 거쳐 완성된 작품들은 오늘날까지 많은 사람에게 사랑받고 있어. 그런데 르네상스 시기에 뛰어난 예술가들이 대거 등장한 이유는 무엇일까?

그건 피렌체의 예술가들이 예술혼을 불태울 수 있도록 후원한 가문이 있었기에 가능했지. 그 가문은 바로 피렌체의 메디치 가문이었어.

◀ 미켈란젤로
시스티나 성당의 〈천지창조〉와 〈최후의 심판〉은 그가 홀로 완성한 작품이야.

▲ 보티첼리, 〈봄〉

　부유했던 메디치 가문은 예술가들을 아낌없이 후원했고, 메디치 가문의 후원 아래 더 멋진 작품을 만들기 위해 예술가들이 서로 경쟁하며 르네상스는 전성기를 맞이하게 된단다.

만두 탐정의 아틀리에

- 지팡이를 든 헤르메스(머큐리)가 귤을 따고 있어.
- 비너스의 아들 큐피드가 눈을 가린 채 사랑에 빠지는 화살을 겨누고 있어.
- 그림 중앙에는 미의 여신 아프로디테(비너스)가 서 있어.
- 세 여신 중 가운데 여신이 헤르메스에게 한 눈에 반한 것을 볼 수 있어.
- 제피로스(서풍의 신)와 클로리스(꽃과 봄의 여신)야. 그녀는 잡히는 순간 플로라(꽃과 풍요의 여신)로 변신해. 플로라는 클로리스 옆에서 꽃을 뿌리는 모습으로 그려졌어.

만두의 한마디
1482년경 보티첼리가 메디치의 별장을 장식하기 위해 그린 작품으로 사랑에 빠지는 아름다운 순간을 표현하고 있어.

발견! 역사 노트

☑ HINT 메디치, 피렌체, 르네상스

_____란?

이탈리아의 도시, _____를 중심으로 고대 그리스·로마 문화가 재탄생하게 돼. 인간의 시각과 감정이 그림에서 나타나기 시작했어.

르네상스 미술

- _____ 가문의 후원으로 다 빈치, 미켈란젤로, 보티첼리와 같은 예술가들이 등장할 수 있었지. 아들은 르네상스 전성기를 이끈 인물들이야.
- 다 빈치의 〈모나리자〉, 미켈란젤로의 〈피에타〉 〈다비드 상〉, 보티첼리의 〈봄〉은 르네상스를 대표하는 작품이야.

출금: 보티첼리, 피렌체 메디치 미술관

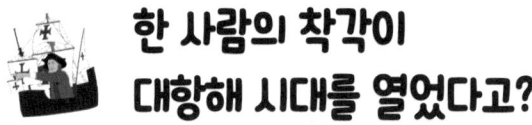
한 사람의 착각이 대항해 시대를 열었다고?

새로운 것에 대해 도전하는 것을 좋아하니? 세상에는 새로운 것에 도전하는 것을 즐기는 사람들이 있어. 남들이 가 보지 못한 곳으로 탐험을 떠나기도 하고 남들이 하지 않는 것을 시도해 보는 그런 사람들 말이야. 1400년대, 세상의 끝이라고 생각된 곳으로 용감히 배를 타고 떠난 사람들이 있었어. 그리고 이 사람들은 세상을 깜짝 놀라게 할 발견을 하게 돼. 그런데 1400년대 이전에는 모험심 강한 사람이 없었을까? 대항해 시대가 1400년대 유럽에서 시작된 진짜 이유는 무엇일까?

동로마제국이 오스만제국에 멸망하며 지중해와 북아프리카 일대는 이슬람의 영향권에 속하게 돼. 이후 유럽 국가들은 오스만제국을 거치지 않고는 동방의 귀중한 물품을 구경조차 할 수 없게 되었지. 이에 동방에서 들어오는 물품의 가격이 크게 오를 것을 걱정한 유럽 국가들은 새로운 길을 찾아나서게 돼. 특히 유럽 대륙의 서쪽 끝에 자리 잡은 에스파냐(스페인)와 포르투갈은 신항로 개척에 가장 빠르게 움직였단다.

▲ 바스코 다 가마의 항로

먼저 포르투갈의 바스코 다 가마는 1497년 리스본을 출발하여 거대한 아프리카 대륙을 돌아 인도로 향하게 돼. 아프리카 대륙을 돌아 인도로 가는 길은 쉽지 않았어. 항해에는 막대한 돈과 시간이 들었음은 물론 목숨을 걸기도 해야 했지. 이러한 위험에도 불구하고 포르투갈은 인도로 가려고 무지 애를 썼어.

무엇 때문에 포르투갈인들은 그토록 인도에 가려고 했을까? 정답은 향신료에 있어. 향신료는 후추처럼 음식의 맛과 향을 돋우는 재료들로, 당시 유럽에서는 향신료가 비싼 가격에 거래되고 있었어.

1498년 포르투갈인 바스코 다 가마가 고생 끝에 향신료 무역의 거점인 인도 캘리컷에 도착하며, 포르투갈은 인도 항로를 개척하고 막대한 이득을 취할 수 있게 돼.

포르투갈이 인도로 가는 항로를 개척했을 때 이베리아 반도의 또 다른 국가, 에스파냐는 무엇을 하고 있었을까?

유럽의 지식인들은 오래전부터 지구가 둥글다는 사실을 알고 있었어. 물론 콜럼버스도 이 사실을 알고 있었지. 서쪽으로 가면 인도에 금방 도착하리라 생각한 콜럼버스는 에스파냐 여왕을 설득해 후원을 받게 돼.

그리고 1492년, 콜럼버스는 서쪽으로 첫 항해를 떠났어. 오랜 항해 끝에 육지를 발견한 콜럼버스는 인도를 찾았다는 생각에 감격했어. 하지만 사실 그곳은 인도가 아니었어. 당연히 콜럼버스가 찾던 후추와 같은 향신

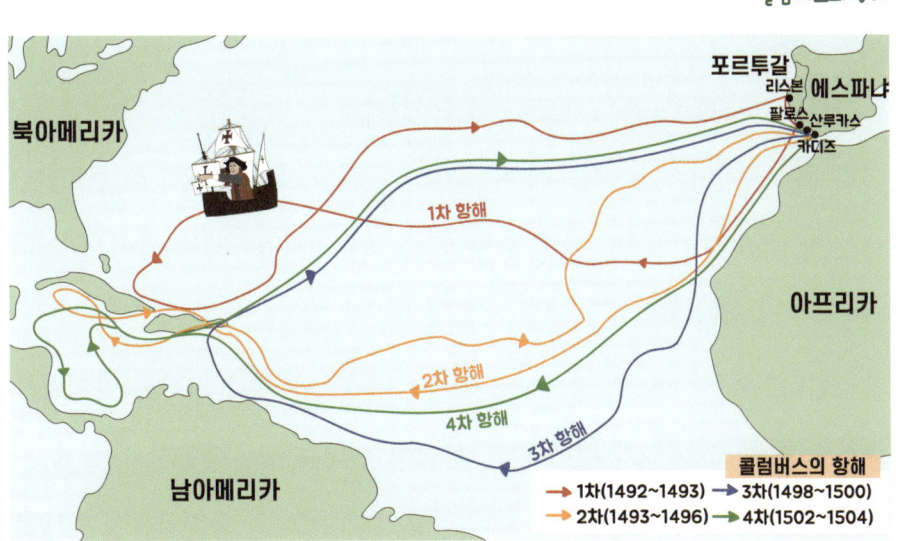
▼ 콜럼버스의 항해

▲ 푸에블라, 〈신대륙에 상륙하는 콜럼버스〉
기적적으로 상륙한 섬의 이름을 콜럼버스는 구세주라는 의미로 산살바도르라고 불렀어.

료도 그곳에 없었지.

콜럼버스가 찾은 곳은 새로운 대륙이었어.

하지만 콜럼버스는 죽을 때까지 자신이 찾은 새로운 대륙을 인도라고 생각했고 그래서 그곳에 살던 원주민들을 인도 사람이라는 뜻에서 '인디언'이라고 불렀단다.

콜럼버스의 착각으로 발견된 신대륙은 유럽인들에게 기회의 땅이었어. 새로운 땅과 금을 얻기 위해 많은 사람이 신대륙으로 향했지. 대항해 시대가 본격적으로 시작된 거야. 한편 탐욕으로 가득 찬 유럽인들이 신대륙으로 오게 되면서 원주민들은 비극을 맞이하게 돼. 신대륙에서 도대체 어떤 일이 있었던 걸까?

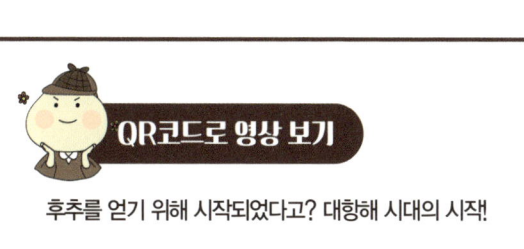

후추를 얻기 위해 시작되었다고? 대항해 시대의 시작!

만두 탐정의 아틀리에

- 에스파냐 사람들은 가는 곳마다 가톨릭 선교사들을 데리고 다녔어. 선교사들은 원주민 사원을 파괴하고 전통 놀이와 춤을 금지하였어.
- 에스파냐를 상징하는 문장이야.
- 콜럼버스 일행 뒤로 그들이 타고 온 배의 모습도 보여.
- 왼쪽에 숨어서 콜럼버스 일행을 지켜보는 아메리카 원주민들의 모습도 보여.
- 콜럼버스가 아메리카 대륙에 상륙했을 때를 그린 작품이야. 콜럼버스가 무릎을 꿇고 신대륙 발견에 대해 감사하고 있어.

대항해 시대는 어떻게 시작되었는가?

☑ HINT 신대륙, 인도, 콜롬버스

원인	오스만제국이 동쪽 지중해 일대를 장악하며 중계 무역을 통해 큰 이득을 얻는다. 유럽의 국가들은 오스만제국에 무역 중계료를 내지 않고 동양과 직접 거래하고 싶어했다.
과정	포르투갈의 바스코 다 가마는 아프리카 대륙을 돌아 _____ 로 가는 항로를 개척한다. 에스파냐의 _____ 는 서쪽으로 항해를 떠나 _____ 을 발견한다.
결과	새로운 땅과 금을 얻기 위해 많은 사람들이 신대륙으로 향한다. 유럽에서 온 정복자들로 인해 아메리카 대륙의 여러 문명이 멸망한다.

정답: 인도, 콜롬버스, 신대륙

아메리카 대륙에 스페인어를 공용어로 삼는 나라가 많다고?

세계인들이 가장 많이 사용하는 언어는 무엇일까? 정답은 중국어야. 이유는 단순해. 중국과 세계 각지에 사는 중국인들의 수가 많기 때문이지.

우리나라보다 인구가 적은 스페인어는 어떨까? 스페인어는 영어와 마찬가지로 세계 여러 나라에서 많이 사용되고 있어.

특히 아메리카 대륙의 여러 나라가 스페인어를 공용어로 삼아 사용하고 있지. 그런데 유럽도 아닌 아메리카 대륙에서 스페인어가 많이 사용되는 이유는 무엇일까?

콜럼버스에 의해 아메리카 대륙이 발견되고 아메리카 대륙에 금이 많다는 소문이 유럽에 돌기 시작했어.

▶ 에르난 코르테스
상관인 총독의 명령을 어기고 병력과 무기를 배에 실은 후 신대륙으로 출항했어.

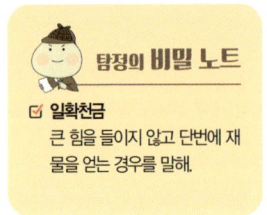

탐정의 비밀 노트
☑ **일확천금**
큰 힘을 들이지 않고 단번에 재물을 얻는 경우를 말해.

스페인의 하급 관리였던 코르테스는 일확천금의 꿈을 가지고 대서양을 건너 아메리카 대륙으로 향했지.

오늘날의 멕시코 땅에 도착한 그들은 거대한 제국, 아스테카(아즈텍)를 마주했어.

아스테카는 높은 수준의 문명을 자랑했어. 그들의 수도 테노치티틀란은 큰 호수 한가운데 있었는데 이곳에는 무려 20만 명의 인구가 살았다고 해. 이는 당시 유럽의 도시들과 비교해도 매우 큰 규모였어. 그곳에는 코르테스의 부대가 그토록 찾던 황금도 아주 많았지.

수적으로 큰 열세였던 코르테스의 부대는 아스테카와 정면으로 맞서는 방법 대신 아스테카의 왕과 귀족들을 포로로 붙잡고 아스테카 사람들을 협박하는 방법으로 아스테카로부터 상당한 양의 황금을 빼앗아.

그런데 황금을 갖게 된 코르테스 부대는 이때 큰 실수를 저지르게 돼. 코르테스의 부하들이 아스테카인을 야만인 취급하며 그들을 학살한 거야. 이에 분노한 아스테카 전사들의 공격에 코르테스의 부대는 큰 위기를 맞이해. 코르테스 부대가 총칼과 철갑옷으로 무장한 강력한 부대였다 할지라도 수적인 차이가 너무 컸던 거야.

아스테카 전사들의 공격에 코르테스 일행 중 많은 이가 목숨을 잃었고, 코르테스 또한 죽을 고비를 간신히 넘기게 돼. 죽을 고비를 넘긴 코르테스는 이후 아스테카를 다양한 방법으로 공격한 끝에 1521년 완전히 정복

▲ 로셰, 〈테오칼리 습격〉
테오칼리(템플로 마요르)를 습격하는 코르테스 군대의 모습이 보여.
테오칼리는 아즈텍 의식이 거행된 신전이야.

하게 된단다.

이러한 코르테스의 방법을 참고하여 남아메리카에 있는 거대한 잉카제국을 정복한 자가 있었으니, 그의 이름은 피사로였어. 잉카제국으로 간 피사로의 부대는 무기를 갖추지 않은 채 자신들을 찾아온 잉카 사람들을 향해, 일제히 공격을 가했어.

아스테카 사람들처럼 말을 처음 본 잉카 사람들은 말을 탄 스페인의 군사들을 보며 큰 혼란에 빠졌고, 이 틈을 타 피사로는 잉카제국의 왕을

▶ **피사로**
잉카제국을 정복하고
오늘날 페루의 수도인 리마를 건설하였어.

생포했어. 수적 열세를 극복하려는 방법이었지. 피사로 또한 코르테스처럼 총칼로 잉카제국을 정복한 거야. 그런데 사실 스페인군에게는 그들도 알지 못하는 강력한 무기가 따로 있었어.

그것은 바로 균이었어. 유럽인이 아메리카 대륙에 가져온 여러 균에 의해 아메리카의 많은 원주민이 목숨을 잃게 돼. 아메리카 원주민에게 균이 치명적이었던 이유는 무엇일까? 그건 오래전부터 각종 전염병에 노출되어 전염병에 대한 항체를 지니고 있던 유럽인들과 달리, 아메리카 원주민은 이전까지 여러 가지 질병에 노출된 적이 없었기 때문이야. 전염병에 대한 항체가 없었던 원주민들은 각종 전염병에 매우 취약했어. 전염병이 아메리카 대륙에 급속도로 퍼지면서 아메리카의 원주민들은 몰살되었고 스페인은 아메리카 대륙을 손쉽게 정복하게 돼. 그리고 스페인이 정복한 아메리카 대륙에서는 이후 스페인어가 공용어로 쓰이게 되었단다.

만두 탐정의 아틀리에

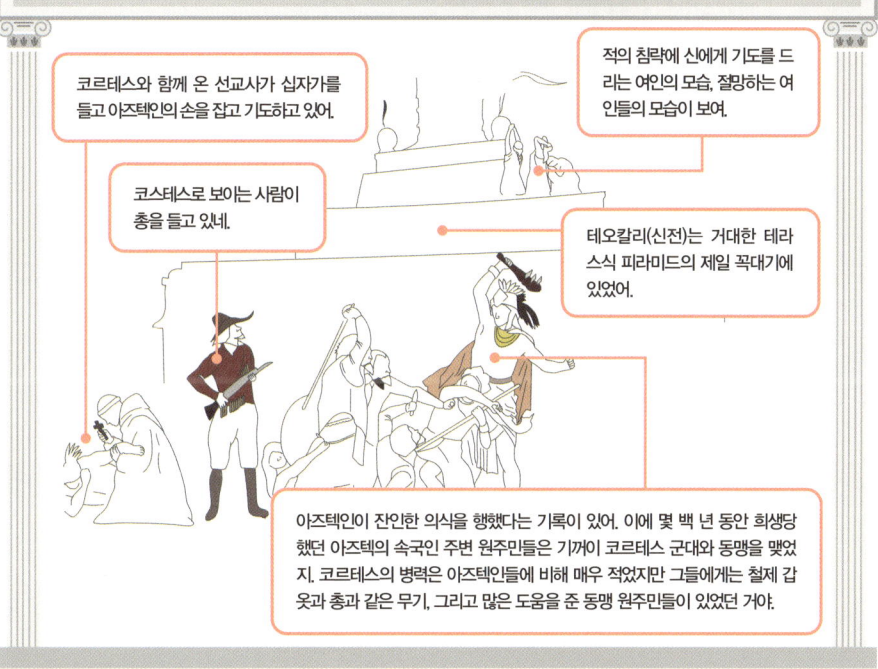

- 코르테스와 함께 온 선교사가 십자가를 들고 아즈텍인의 손을 잡고 기도하고 있어.
- 적의 침략에 신에게 기도를 드리는 여인의 모습, 절망하는 여인들의 모습이 보여.
- 코스테스로 보이는 사람이 총을 들고 있네.
- 테오칼리(신전)는 거대한 테라스식 피라미드의 제일 꼭대기에 있었어.
- 아즈텍인이 잔인한 의식을 행했다는 기록이 있어. 이에 몇 백 년 동안 희생당했던 아즈텍의 속국인 주변 원주민들은 기꺼이 코르테스 군대와 동맹을 맺었지. 코르테스의 병력은 아즈텍인들에 비해 매우 적었지만 그들에게는 철제 갑옷과 총과 같은 무기, 그리고 많은 도움을 준 동맹 원주민들이 있었던 거야.

발견! 역사 노트

☑ **HINT** 잉카, 아스테카, 균, 스페인

_____ 의 정복자

- 코르테스는 오늘날 멕시코의 _____ 를 정복하고 상당한 양의 금을 빼앗아.
- 피사로는 총칼을 앞세워 남아메리카 대륙에 위치한 _____ 제국을 정복해.

또 다른 강력한 무기?

유럽인이 아메리카 대륙에 가져온 _____ 으로 인해 아메리카 원주민들은 대거 목숨을 잃게 돼. 전염병에 항체가 없었기 때문이지. 이로 인해 유럽의 정복자들은 아메리카 대륙을 손쉽게 정복할 수 있었어.

정답: 스페인, 아스테카, 잉카, 균

 ## 공포의 노예선, 아메리카에 흑인이 많은 이유

머리가 곱슬곱슬하고 피부가 검은 사람들이 보여. 흑인으로 보이는 사람들은 옷도 걸치지 못한 채 금을 물에 씻고 있네. 열심히 일하는 흑인과 대조적으로 백인은 화려한 옷을 입은 채 가만히 서 있기만 해. 이건 무슨 상황일까?

아메리카 대륙을 정복한 스페인은 금과 은으로 된 공예품을 아메리카 원주민들로부터 대거 빼앗아 갔어. 그러나 그들은 여기에 만족하지 않고 아메리카 원주민들을 시켜 광산에서 은을 채굴하게 했지. 열악한 노동환경과 전염병으로 수많은 아메리카 원주민이 목숨을 잃게 돼. 이 때문에 아메리카 원주민의 빈자리를 대신할 사람이 필요했던 스페인은 아프리카 노예들을 사 들이게 되지.

한편 커피나 사탕수수와 같이 유럽에서 자라지 않는 작물이 유럽에서 인기를 끌자 포르투갈과 다른 유럽 국가들은 아메리카 대륙을 대농장으로 사용하기 시작해. 그런데 문제가 있었어. 아메리카 대륙에는 작물을 재배할 땅이 많은 데 비해 일할 사람이 부족했어. 그래서 포르투갈과 다른 유럽 국가들도 스페인과 같이 노예무역을 통해 아프리카 노예들을 아메리카로 대거 데려오게 된단다.

아메리카 대륙의 대농장이 유행하고 그에 따라 아프리카 흑인 노예에 대한 수요가 급증하며 노예선이라는 것까지 등장하게 돼. 노예선은 한 번의 항해에 최대한 많은 흑인 노예들을 싣고 가는 배를 의미했어. 유럽인들에게 흑인 노예는 물건일 뿐이었지. 유럽인들은 흑인 노예의 아픔과 고통을 외면한 채 흑인 노예를 짐짝처럼 구겨 아메리카 대륙으로 운반했어.

팔목과 발목에 채워진 쇠사슬로 인해 흑인 노예들은 제대로 일어설 수조차 없었어. 심지어 그들은 배변 활동조차 자유롭게 하지 못했지.

이처럼 비좁고 열악한 위생 환경 탓에 아메리카에 도착하기 전, 많은 수의 노예들이 항해 중 목숨을 잃었어. 질병에 걸린 노예들은 바다에 내던져지기도 했지. 유럽인들은 흑인 노예들을 하나의 인격체로 대하지 않았어. 유럽인들에게 질병에 걸린 흑인 노예들은 치료해야 할 사람이 아닌 처리해야 할 하나의 상품에 불과했지.

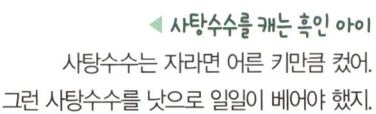

◀ **사탕수수를 캐는 흑인 아이**
사탕수수는 자라면 어른 키만큼 컸어.
그런 사탕수수를 낫으로 일일이 베어야 했지.

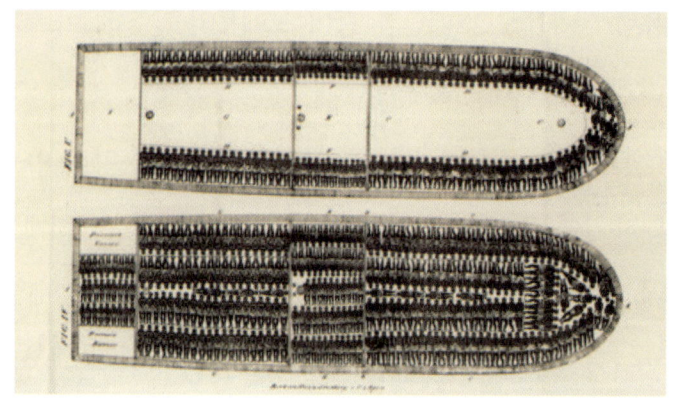

▶ 노예선
배 안의 까만 점들이
모두 노예야.

노예선에서 죽지 않고 대서양을 건넜다 하더라도 비참한 생활을 면하기는 어려웠어.

아메리카 대륙에서 흑인 노예들은 고된 노동에 시달렸어. 대농장의 주인들이 흑인 노예들을 매질하고 밤낮없이 일을 시켰기 때문이지.

그렇게 흑인 노예들은 하나의 인격체로 대우받지 못한 채 주인을 위해 일만 하다 죽었어.

끔찍하고 잔혹한 대서양 노예무역은 오랜 기간 이어지다 노예 반대론자들의 등장으로 1800년대에 이르러 사라지게 돼. 300년 정도 지속된 노예무역은 아메리카 대륙의 거주민들을 대거 바꾸어 놓았어. 실제 자메이카나 바베이도스와 같은 중앙아메리카의 나라들은 현재 국민의 90퍼센트 이상이 아프리카계 흑인이란다.

만두 탐정의 아틀리에

만두 신문 읽기

만두 일보

세상의 모든 소리를 담습니다!

제1호 16NN년 8월 07일 Go_mandoo.aaa

노예 무역선, 흑인 = 물건?!

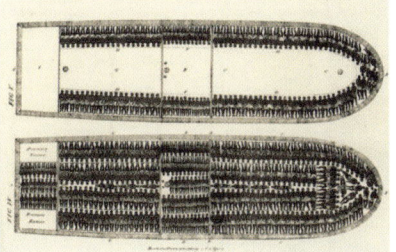

유럽인들, 흑인 노예들을 노예선에 짐짝처럼 구겨…

요즘 아메리카의 대농장 운영이 많아지면서 노예무역이 유행하고 있습니다. 흑인 노예들은 노예선에 짐짝처럼 실려 아메리카 대륙으로 이동하고 있습니다. 노예선을 타고 있던 무명씨(21)는 좁은 배 안에서 제대로 일어서지도 못 하고 화장실도 못 간다며 분통을 터트렸습니다. 열악한 위생 환경 탓에 많은 수의 노예들이 항해 중 목숨을 잃는다고 합니다. 그들에게 과연 기본적인 인권조차 있는지 의문입니다.

세상을 만나다

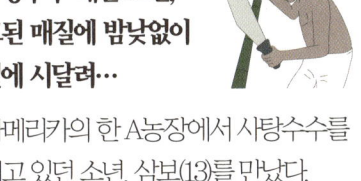

사탕수수 캐는 소년, 고된 매질에 밤낮없이 일에 시달려…

아메리카의 한 A농장에서 사탕수수를 캐고 있던 소년, 삼보(13)를 만났다. 삼보는 무표정으로 사탕수수를 끊임없이 베었다. 사탕수수 대농장의 실태를 알기 위해 소년을 설득해 인터뷰하였다.

> **만두:** 삼보 군은 언제 이곳으로 왔나요?
> **삼보:** 저는 사탕수수 농장에서 태어났어요. 몇 십 년 전 부모님께서 아프리카에서 이곳으로 오셨고요.
> **만두:** 이곳의 환경은 어떻습니까?
> **삼보:** 밤낮없이 일만 합니다. 조금이라도 나태하게 굴면 어김없이 매질을 당합니다. 오늘 할 일을 끝내지 못하면 잠도 못 자요.

이곳 A농장뿐만 아니라 아메리카 전역의 커피, 사탕수수 농장의 상황이 비슷하다고 한다. 유럽인들이 흑인 노예들을 돈으로만 보는 것 같아 마음이 아프다.

6부

중원을 차지할 자는 누구?
한족과 북방 민족의 끝없는 싸움

A.D. 581년
수나라 건국

A.D. 916년
거란, 요나라 건국

A.D. 500 —————————————————— A.D. 900

A.D. 618년
당나라 건국

A.D. 960년
송나라 건국

오늘날 한족은 중국 전체 인구의 90% 이상을 차지하고 있어. 하지만 중국 역사는 한족만의 역사가 아니었지. 대륙의 주인은 계속해서 바뀌었고 한족이 아닌 북방 민족이 중국을 지배할 때도 있었어. 중국을 둘러싸고 전개된 한족과 북방 민족의 치열한 다툼을 함께 보지 않을래?

A.D. 1115년
여진, 금나라 건국

A.D. 1368년
명나라 건국

A.D. 1000 — A.D. 1300 — A.D. 1600

A.D. 1271년
몽골, 국호 원으로 개칭

A.D. 1592년
임진왜란 발발

# 장안의 화제란 말은 어디에서 나왔을까?

중국의 현재 수도가 어디인지 아니? 맞아, 베이징이야. 하지만 과거에는 베이징이 중국의 수도가 아니었어. 중국의 무려 13개 왕조는 자신들의 수도로 장안을 선택했단다. 그건 장안이 방어와 교통에 유리한 조건을 갖추고 있었기 때문이야. 여러 왕조가 장안을 수도로 삼으면서 장안은 수도를 뜻하는 대명사처럼 쓰이게 되었어.

618년 중국의 기나긴 혼란기를 끝내고 들어선 당나라 또한 장안을 수도로 삼았어. 나라 안으로 안정을 찾은 당나라는 서쪽으로 진격해 땅을 넓혔고 실크로드에서 독점적인 영향력을 행사하게 되었지.

특히 당나라는 이슬람 국가 및 오아시스 국가들과 활발히 교류하며 큰 번영을 누리게 돼. 그 과정에서 실크로드의 시작점이던 장안은 세계 각국의 사람들로 붐비는 국제도시로 발전하며 그 이름을 세계에 널리 알렸어.

당시 국제도시였던 장안의 인구는 어느 정도였을까? 장안의 인구는 무려 100만이었어. 인구가 100만이 넘는 도시가 천 년 전에도 있었다니, 놀랍지 않니?

실크로드를 건너온 서역인부터 신라인과 일본인에 이르기까지 세계 각국의 사람들이 국제 도시 장안에 모여 이야기를 나누는 모습은 정말 장관이었을 거야.

세계 각국에서 모여든 사람들의 이야기는 사람과 사람의 입을 통해 장안으로 흘러 들어왔고, 장안에서 있었던 일 또한 사람과 사람의 입을 통해 세계 여러 나라로 흘러 들어갔지.

온 나라를 떠들썩하게 한 이야기를 뜻하는 '장안의 화제'라는 말은 이렇게 탄생하게 돼.

▼ 실크로드
비단이 중국과 서양을 오가는 대표 상품이라 무역로의 이름을 비단길, 즉 실크로드라 불렀어.

▲ 예빈도
오른쪽 세 명은 당나라에 온 외국 사신이야. 오른쪽 두 번째 인물은 통일신라 사신,
그 외 두 명은 서역인과 유목민으로 추정한단다.

하지만 안타깝게도 중국 역사상 가장 번영했던 당나라도 영원할 수는 없었어. 907년, 당나라가 멸망하며 당나라의 수도인 장안 또한 수도로서의 생명을 다하게 되었지. 엄청난 영토와 힘을 자랑했던 당나라는 과연 무엇 때문에 멸망하게 되었을까?

만두 탐정의 아틀리에

한나라 이후 중국 나라들과 당나라의 수도

☑ HINT 실크로드, 장안

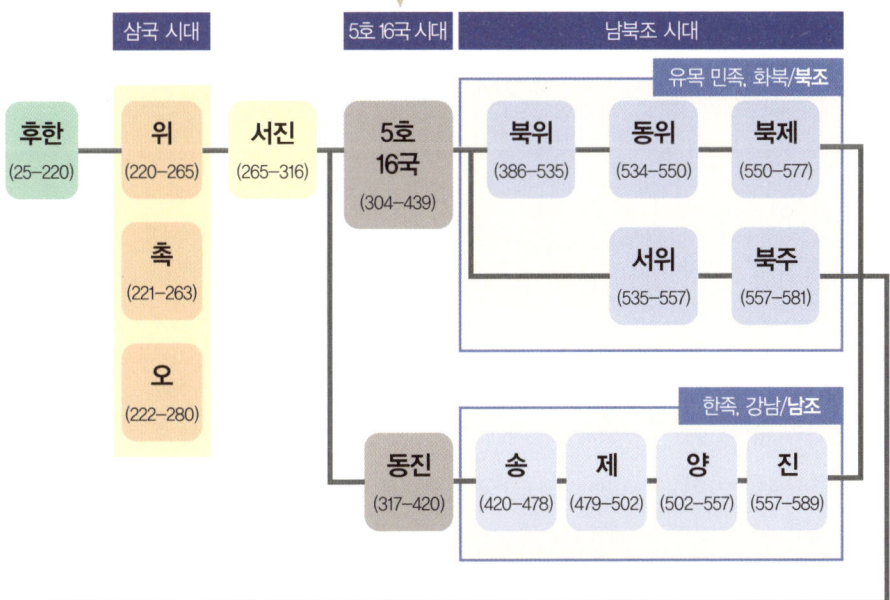

당나라의 수도 _____

이곳의 인구는 무려 100만이었어. _____ 의 시작점이던 이곳은 세계 각국의 사람들로 붐비는 국제도시였단다.

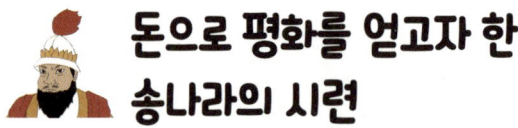
돈으로 평화를 얻고자 한 송나라의 시련

공책이 필요한데 공책이 없다면 어떻게 하겠니? 오늘날 우리는 공책이 만들어지는 공장을 직접 찾아가지 않고도 공책을 쉽게 구할 수 있어. 그건 교통이 발달했기 때문이야.

무겁거나 그 물건의 양이 많아도 문제가 되지 않아. 기차나 화물차가 철길과 도로를 달리며 필요한 물건을 원하는 장소에 쉽게 운반해 주기 때문이지. 여기서 문제! 물자를 운반하는 데 가장 효율적인 방법은 무엇일까? 화물차? 기차? 아니야. 바로 물을 통해 물건을 운반하는 거야.

당나라 때는 실크로드뿐 아니라 물의 길로 필요한 물자를 교류했어. 물의 길이라니 그게 도대체 뭘까?

중국의 오랜 수도, 장안은 해안이 아닌 내륙에 있었어. 그 때문에 장안으로 세금과 물자를 빠르게 보급하기 위해서는 바다가 아닌 강을 따라 물건을 운반해야 했지.

이를 위해 수나라 양제는 강남과 강북의 하천을 연결하는 대규모 공사를 시작했어. 이름하여 대운하 공사였지. 무리한 공사에 많은 사람이 강제

◀ 허베이성 대운하
중국 수나라 때 만들어진 대운하는 오늘날까지 사용되고 있어.

로 끌려가 목숨을 잃었어. 하지만 수나라 양제는 백성들의 고통을 외면하고 고구려 원정까지 일으켰는데, 원정 또한 실패로 끝나게 돼. 대운하 공사와 고구려 원정에 참다 못한 백성들은 곳곳에서 반란을 일으켰고 결국 수나라는 멸망하게 돼.

수나라의 뒤를 이은 당나라는 대운하 공사를 포기했을까? 아니야. 대운하 공사는 포기하기에 그 포상이 너무 달콤했어. 대운하는 오늘날 고속도로와 같은 효과를 낼 수 있었거든.

대운하 공사를 이어간 당나라는 마침내 대운하를 완성해. 그 덕분에 당나라 대에 경제적, 문화적 교류가 더욱 활발히 이루어지게 된단다.

그렇게 풍요롭던 당나라도 안사의 난과 황소의 난으로 휘청이게 돼. 난을 진압할 힘이 없던

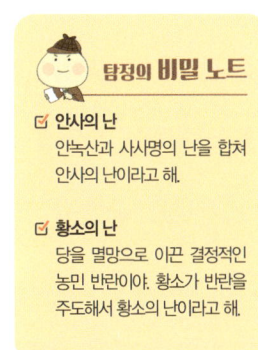

탐정의 비밀 노트

☑ **안사의 난**
안녹산과 사사명의 난을 합쳐 안사의 난이라고 해.

☑ **황소의 난**
당을 멸망으로 이끈 결정적인 농민 반란이야. 황소가 반란을 주도해서 황소의 난이라고 해.

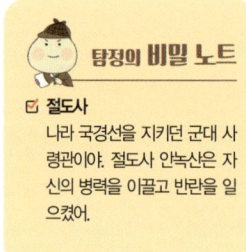

탐정의 비밀 노트

☑ 절도사
나라 국경선을 지키던 군대 사령관이야. 절도사 안녹산은 자신의 병력을 이끌고 반란을 일으켰어.

황제는 안사의 난과 황소의 난을 진압하기 위해 각 지역에 절도사를 대거 임명하여 군사를 긁어모으게 하였어. 황제가 절도사들에게 합법적인 힘을 준 셈이지. 절도사들의 도움으로 간신히 명맥을 이어가게 된 당나라는 역설적이게도 절도사였던 주전충에 의해 멸망하게 돼.

당나라가 멸망하고 중국은 50여 년간 다시 분열을 맞게 돼. 이 시기를 5대 10국 시대라고 한단다. 중원을 두고 한족의 여러 나라가 싸우는 과정에서 북방의 거란족이 세운 요나라가 연운 16주 땅을 차지하게 돼. 연운 16주가 어디냐고?

연운 16주는 지금의 북경을 포함한 주변 16개 주로 군사적 요충지였어.

연운 16주를 요나라가 차지했다는 것은 북방 유목민족이 만리장성을 넘어 중원에 진출했다는 것을 의미했어.

960년, 기나긴 혼란기를 거치고 절도사였던 조광윤이 송나라를 세우게 돼. 조광윤은 절도사들의 힘이 강하면 나라에 어떠한 일이 일어나는지 누구보다 잘 알고 있었기에 절도사에게서 군사력을 빼앗고 무신보다 문신을 우대하는 정치를 시행했어.

그 결과, 송나라는 군사력이 약해져 북방 유목민족들의 침입을 막을 수 없게 되었단다. 힘이 약한 송나라가 할 수 있는 것이라고는 은과 비단 등의 공물을 북방 유목민족들에게 바치며 그들을 달래는 것밖에 없었지. 하

▲ 연운 16주

지만 이러한 방법은 한계가 있었어.

1126년, 결국 송나라는 여진족이 세운 금나라의 침입의 막지 못해 황제 일가가 금나라에 포로로 붙잡히는 굴욕을 맛보게 돼.

'정강의 변'이라고 불리는 이 사건으로 금나라에 화북 지역을 빼앗기고 멸망 직전까지 이른 송나라는, 수도를 카이펑(개봉)에서 항저우(임안)로 옮기며 나라의 명맥을 간신히 이어 갔어. 이처럼 군사력이 약했던 송나라가 오랜 기간 나라를 유지할 수 있었던 이유는 무엇일까?

답은 송나라의 막강한 경제력에 있어.

중국의 중심지는 오랫동안 창장강(양쯔강)의 북쪽(화북) 지역이었어. 5호 16국 시대 전까지 창장강의 남쪽(강남) 지역은 열대우림이 있는 촌 동네일 뿐이었지. 하지만 북쪽의 거란족과 여진족의 침입을 피해 사람들이 강남으로 대거 이동하면서 강남이 개발되기 시작해.

강남은 땅이 비옥하여 농사가 잘되었는데, 이 시기에 농업 기술 또한 발전하며 강남은 중국의 경제적인 중심지로 자리 잡게 돼.

송나라는 당나라처럼 대운하의 혜택도 누렸어.

대운하 덕분에 국내에서 교류가 활발해짐은 물로 국제 무역도 활발하게 이루어지며 송나라는 막강한 부를 누릴 수 있게 되었지.

하지만 안타깝게도 송나라의 시련은 끝이 나지 않았어. 세계 역사상 최고의 정복자로 칭송받는 자가 북쪽 몽골 초원에서 서서히 그 모습을 드러내기 시작했기 때문이야.

만두 탐정의 아틀리에

당나라, 송나라 영상 엿보기

755년, 반란을 꾀한 안녹산

하동절도사 출신 안녹산, 당나라의 제2수도 낙양을 점령하고 장안으로 진격하는데… 당 현종은 이 위기를 어떻게 넘길 것인가?

875년, 황소의 난

황소와 농민들은 반란을 일으켜 장안으로 가고, 당 희종은 청두로 도망가게 되는데… 장안으로 무혈 입성한 황소 이후의 운명은?

900년, 황제를 죽인 절도사

환관들과 불충한 세력을 토벌한다며 당을 쑥대밭으로 만든 이는? 당을 멸망시킨 인물을 깊이 탐구해 보자.

군사력은 약해도 OOO가 있지

대운하 덕분에 엄청난 경제력을 갖게 된 송나라. 군사력이 약해도 나라를 유지할 수 있는 비밀을 파헤쳐 본다!

마르코 폴로가 방문한 나라

아래의 책은 마르코 폴로가 중국 각지를 돌아다니며 보고 느낀 것을 그의 동료가 받아 적은 내용으로 만든 책이야. 하지만 책의 내용 중 일부가 역사적 사실과 일치하지 않고 과장된 표현이 많아 책의 모든 내용을 사실로 받아들이기 어렵다는 평가가 많아. 하지만 그러한 부정적인 평

◀ 『동방견문록』
동양을 서양에 처음 알린 책이야. 전쟁포로로 감옥에 갇혀 있는 동안 동료에게 자신의 경험을 적게 했어.

가에도 불구하고 마르코 폴로의 책은 동방이라는 미지의 세계에 대해 서양인들이 호기심을 갖게 했지.

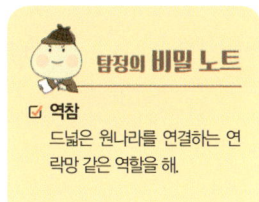

탐정의 비밀 노트

☑ **역참**
드넓은 원나라를 연결하는 연락망 같은 역할을 해.

마르코 폴로는 자신의 책에서 중국은 유럽의 도시들과 비교할 수 없을 정도로 인구와 물자가 많다고 했어.

그런데 그가 책에서 언급한 중국은 어느 왕조 때일까? 마르코 폴로가 경험했던 중국은 몽골제국이 중원을 지배했던 원나라(1271~1368년) 때였어.

원나라는 칭기즈칸의 손자였던 쿠빌라이 칸이 건국한 나라로 남송을 멸망시키고 중국을 통일하였지.

원나라는 광활한 나라를 통치하기 위해 일정한 거리마다 역참을 설치했는데, 역참에는 건강한 말들이 항상 대기하고 있었어. 원나라의 역참은 전쟁 시에는 군사 거점으로 군사들에게 말들을 보급했고, 무역 시에는 여행자들에게 숙소와 교통수단을 제공하였지. 도로가 발달하지 않았던 시대에 원나라의 역참은 세계를 하나로 연결하는 거대한 그물망 역할을 했어.

몽골의 통치 아래 실크로드를 통한 동서양의 교류도 더 활발하게 이루어졌어. 이 덕분에 중국의 나침반과 화약, 인쇄술 등이 이슬람과 유럽에, 이슬람의 수학과 천문학 등이 동아시아에 전파될 수 있었지.

이렇게 잘나가던 원나라도 고민이 있었어. 고민은 매우 근본적인 것이었어. 그건 그들이 차지한 중국 땅에 한족들이 너무 많았다는 거야.

▲ 원나라 최대 영토

원나라는 압도적인 다수를 차지하던 한족을 항상 경계했어. 그래서 그들은 한족을 견제하고 지배할 독특한 체계를 만들게 돼.

혹시 색목인이라고 들어 봤니?

색목인은 동아시아인과 다른 색의 눈을 가진 사람이란 의미로, 이슬람 문화권의 서아시아나 중앙아시아 사람을 가르켰어.

원나라는 상업에 능했던 색목인들에게 원나라의 중요 관직을 내어주며 몽골인과 함께 지배 계층을 이루게 했어.

그에 반해 한족은 끊임없이 견제하며 한족에게는 좋은 자리도 내어 주지 않았지.

그러나 이러한 원나라의 독특한 지배체계는 오래가지 못했어. 왕위 계

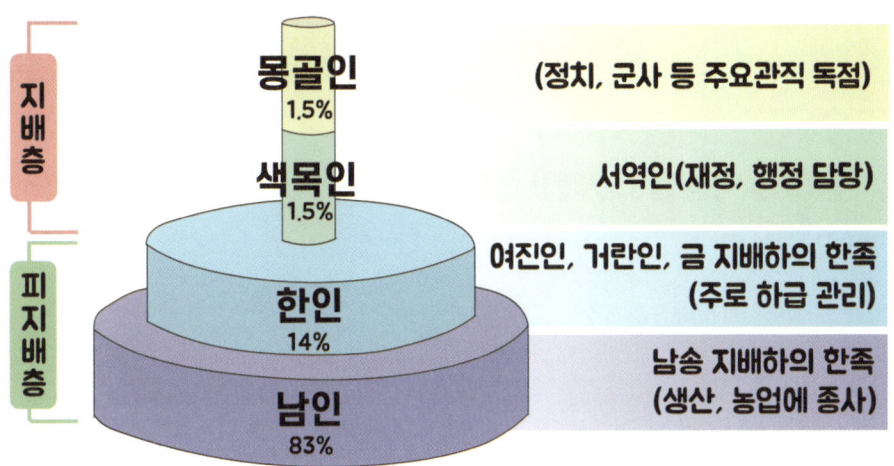

▲ 원나라 계급 제도

승 문제와 자연재해로 쇠퇴하기 시작한 원나라는 얼마 가지 못하고 한족들의 반란에 그대로 몰락하게 된단다.

만두 탐정의 아틀리에

원나라 역참을 소개합니다
☑ HINT 교통수단, 말, 역참

몽골의 최첨단 네트워크

어서 오세요.
언제든 갈아탈 수 있는 튼튼한 말이 준비되어 있습니다.

카라코룸

역참은 빠릅니다

원나라의 _____ 은 전쟁 시에는 군사 거점으로 군사들에게 _____ 들을 보급하고, 무역 시에는 여행자들에게 숙소와 _____ 을 제공합니다.
원나라의 역참은 세계를 하나로 연결하는 거대한 그물망입니다.

동아시아의 전체 질서를 뒤바꾼 전쟁

홍건적 출신의 주원장이 원나라를 북쪽으로 몰아내고 1368년에 명나라를 세울 당시 지구 반대편 유럽에서는 유럽인들이 흑인 노예를 시켜 은을 대량으로 채굴하고 있었어. 그렇게 채굴한 은을 유럽인들은 어디에 주로 사용하였을까? 당시 유럽에서는 명나라의 비단과 도자기가 유행했어. 명나라의 비단과 도자기는 유럽의 상류층들에게 비싼 가격으로 판매되고 있었기 때문이야.

유럽인들은 아메리카에서 대량으로 채굴한 은을 명나라의 비단과 도자기를 사들이는 데 주로 사용하게 돼. 그로 인해 전 세계의 은이 명나라로 흘러 들어오게 되었고, 명나라는 나라에 넘쳐나는 은을 화폐로 사용하기 시작했어.

당시 세계 무역의 중심지인 명나라에서 은이 화폐처럼 사용되자, 세계 경제가 은을 중심으로 돌아가기 시작해.

조선도 세계적인 경제 흐름에 뒤처지지 않기 위해 노력했어. 은을 얻기 위한 여러 방법을 개발하던 중 연산군 시기 조선의 기술자들이 연은 분

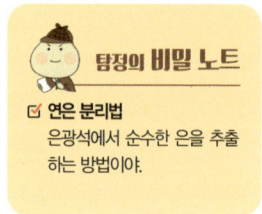

연은 분리법
은광석에서 순수한 은을 추출하는 방법이야.

리법을 개발하게 돼.

이는 당시에 매우 혁신적인 기술이었어. 이 기술을 잘 활용하면 은의 생산량을 대폭 늘려 명나라의 도자기와 비단을 대량으로 사들일 수도 있었지. 연산군도 이제 은을 넉넉히 사용할 수 있겠다 하며 좋아했어.

하지만 연은 분리법은 엉뚱하게도 조선이 아닌 일본에 큰 이득을 가져다주게 돼. 어떻게 된 일일까?

연산군에 이어 조선의 왕이 된 중종은 은광에서 은을 채굴하는 것을 금지하였어. 그 이유를 두고 여러 가지 말이 많은데 은이 사치를 조장하여 금지했다는 말도 있고, 당시 은을 화폐로 사용하던 명나라가 조공으로 은을 지나치게 요구할 것을 염려하여 금지하였단 말도 있어.

이유가 어찌 되었든 중종의 명령으로 조선의 위대한 기술자들은 조선 땅에서 그들의 기술을 펼쳐 볼 수 없게 돼. 그래서 그들은 일본으로 건너가 일본에서 그들의 기술을 마음껏 펼치게 된단다.

조선의 기술자들 덕분에 일본은 대량으로 은을 생산할 수 있게 되었고, 조총의 중요성을 그 누구보다 잘 알았던 일본의 오다 노부나가는 이렇게 생산한 은을 포르투갈에 주고 조총을 얻었지.

그리고 그렇게 얻은 조총으로 그는 자신의 군대를 무장시켜. 어지러운 일본의 전국 시대를 통일하는 데 앞장섰어.

그러나 일본 통일을 목전에 둔 오다 노부나가는 허무하게도 부하에게

▶ **조총**
조총은 당시 활보다 익히기 쉬웠고 적의 대열을 무너뜨리는 데 효과가 있었어.

배신당해 목숨을 잃게 된단다. 그리고 그렇게 죽은 오다 노부나가를 대신하여 그의 또 다른 부하였던 도요토미 히데요시가 마침내 일본을 통일하게 되지.

일본을 장악한 도요토미 히데요시는 대륙을 차지하겠다는 야욕이 있었어. 그의 야욕으로 조용하던 동아시아는 전쟁의 소용돌이에 휘말리게 돼.

임진왜란은 동아시아 3국의 질서를 어떻게 변화시켰을까?

먼저 중국을 살펴보면, 당시 중국은 중국 역사상 가장 무능한 황제 중 하나로 손꼽히는 만력제가 정치에 손을 놓고 나랏일에 무관심으로 일관하고 있었어. 그러다 일본이 조선을 공격하자 만력제는 조선을 도우라 명하며 조선에 지원군을 파견해.

쇠퇴하던 나라 경제에 아랑곳하지 않고 조선에 지원군을 파견한 명나라는 막대한 전쟁 비용까지 치르며 이후 몰락의 길을 걷게 돼. 반면 명나라

◀ 만력제
명나라가 청나라에 멸망하고 나서도
조선을 도와주었다는 이유로
조선에서는 만력제를 위한 제사를 지냈어.

의 계속된 견제로 힘을 키우지 못했던 여진족은 명나라가 임진왜란에 참여한 틈을 타 몰래 힘을 키울 수 있었어. 그리고 마침내 여진족은 명에 대항하는 세력으로 성장하게 되지. 이후 여진족은 나라 이름을 청이라 하고 명을 멸망시켜 버려. 임진왜란으로 중원의 주인이 뒤바뀐 거야.

임진왜란이 일어난 조선의 상황은 명나라보다 더 안 좋았어. 이순신 장군과 의병들의 활약으로 일

▶ 누르하치
여진족을 통일하고 후금을 세운 인물이야.
이후 후금에서 이름을 바꾼 청나라는 1644년,
명나라를 무너뜨리고 중국 본토를 차지해.

▲ 임진왜란 의병장 홍의 장군 곽재우의 정암진 전투

본을 쫓아내는 데 성공했지만 그 피해는 어마어마하게 컸어. 국토는 황폐해졌고 거리에는 굶어 죽는 사람들이 수두룩했지. 전쟁으로 많은 사람이 죽으며 조선의 인구는 급격히 줄게 되었고, 이로 인해 세금이 걷히지 않자 나라에서는 부족한 세금을 충당하기 위해 양반의 신분을 돈을 받고 팔게 되지. 이로 인해 얼마 안 되던 양반의 수가 급격히 늘어 나며 굳건했던 조선의 신분제도가 크게 흔들리게 된단다.

그럼 마지막으로 전쟁을 일으킨 일본은 어떻게 되었을까? 전쟁을 일으킨 장본인인 도요토미 히데요시가 죽으며 일본은 두 편으로 세력이 갈라

▲ 임진왜란 후의 각 나라 상황

져 싸우게 돼. 그중 임진왜란에 참여하지 않고 힘을 아껴 두던 도쿠가와 이에야스 측이 내전에서 승리하며 일본에는 에도막부가 세워지게 된단다. 일본 내 새로운 권력이 탄생한 거야.

이렇게 임진왜란은 동아시아 전체 질서를 송두리째 바꿔 버린 큰 사건이었단다.

▶ 도쿠가와 이에야스
임진왜란에 자신의 병력을 단 한 명도 보내지 않았어.

만두 탐정의 아틀리에

곽재우 장군은 붉은 비단으로 된 갑옷을 입고 활동하여 천강홍의장군(天降紅衣將軍)이라는 별명을 얻었어.

겨우 남강을 건너던 일본군들은 곽재우 부대와 마주치게 돼.

장사 10여 명에게도 자신과 같은 옷을 입혀 왜군을 혼란에 빠뜨렸어.

만두의 한마디
정암진 일대는 늪지였어. 의병들에 의해 옮겨진 푯말을 따라 늪지대로 들어간 일본군은 곽재우 부대에 의해 거의 전멸되었지.

동아시아판 국제 전쟁

☑ HINT 신분 질서, 이순신, 의병, 조총

원인	유럽이 도자기와 비단을 구입하는 대가로 지불한 은 덕분에 명나라에는 은이 넘쳐난다. 그래서 명나라는 은을 화폐로 사용하게 되었다. 일본은 은을 주고 포르투갈로부터 _____ 을 얻어 군사력을 강화한다.
과정	일본이 조선을 침략하고 명나라는 조선에 지원군을 파견한다. 명나라는 막대한 전쟁 비용을 치르어 국력이 약화된다. _____ 장군과 _____ 의 활약으로 일본을 물리친다.
결과	명나라가 멸망하고 청나라가 중원의 주인이 된다. 조선에서는 양반의 수가 급격히 늘며 _____ 가 무너진다. 일본은 조선의 도자기 장인들을 잡아가 그들이 만든 도자기를 팔아 막대한 수익을 얻는다.

정답: 조총, 이순신, 의병, 신분 질서

7부

혁명의 시대, 급격히 변하는 세상

A.D. 1620년
청교도 메이플라워호 미국 도착

A.D. 1769년
제임스 와트 증기기관 특허

A.D. 1600 — A.D. 1700

A.D. 1688년
영국 명예혁명

A.D. 1776년
미국 독립선언

> 나폴레옹이 유럽을 정복하는 과정에서 프랑스대혁명의 자유, 평등, 박애 정신이 자연스럽게 전 유럽에 확산됐어. 나폴레옹이 등장한 18세기부터 세상은 급격히 변화하였단다. 오늘날의 민주주의와 자본주의도 이때부터 등장하였어. 변화의 바람이 불어닥친 18세기로 함께 떠나 보자.

A.D. 1789년
프랑스혁명 발발

A.D. 1861년
미국 남북전쟁 발발

A.D. 1800 — A.D. 1900

A.D. 1803년
나폴레옹 전쟁 시작

성난 민중,
왕을 끌어내리다

▲ **루이 14세 초상화**
초상화에 부르봉 왕가의 상징인 백합이 많이 보여.
하이힐은 강력한 그의 힘을 나타낸단다.

이 초상화의 주인공은 누구일까? 이 초상화는 태양왕으로 유명한 프랑스 루이 14세를 모델로 하고 있어. 루이 14세는 이 초상화를 매우 마음에 들어 했다고 해. 초상화에 등장하는 화려한 가발과 망토, 그리고 빨간 하이힐이 왕을 화려하고 위엄 있게 만들어 주었기 때문이야. 루이 14세가 막강한 왕권을 누릴 수 있었던 까닭은 무엇일까?

사실 루이 14세의 힘은 처음부터 강하지 않았어. 다섯 살에 왕위에 오른 루이 14세는 귀족들이 일으킨 반란에 목숨을 위협받기까지

▶ 성직자와 귀족을 비꼰 풍자화

했어. 그런 루이 14세가 어떻게 막강한 왕권을 누릴 수 있게 된 걸까?

어린 시절 귀족들의 반란을 경험한 루이 14세는 귀족의 힘이 세지는 것을 극도로 경계했어. 그래서 그는 귀족이 권력에 관심을 가지지 못하도록 귀족들을 사치와 향락에 빠지게 했어. 이를 위해 루이 14세는 베르사유 궁전을 짓고 귀족들을 위해 밤마다 화려한 무도회를 열었지. 화려한 삶을 계속 누리고 싶던 귀족들은 왕에게 충성했고 그렇게 루이 14세는 막강한 권력을 계속 유지할 수 있었어.

하지만 절대왕정을 유지하기 위한 대가는 생각보다 컸어. 왕과 귀족들의 사치스러운 궁정생활로 프랑스의 재정이 파탄난 거야. 위의 그림을 봐. 화려한 옷차림의 두 사람이 곧 쓰러질 듯 힘이 없어 보이는 노인의 등 위에 편하게 타 있어. 십자가를 목에 걸고 있는 사람은 성직자, 칼을 차고 화려한 모자를 쓰고 있는 사람은 귀족을 나타내. 그럼 이들을 떠받치고 있는 노인은 누구일까?

노인은 프랑스 인구의 대다수를 차지하던 일반 평민 계급을 나타내. 평민이 과도한 세금으로 굶주림에 허덕이고 있을 때, 부와 권력을 독차지하던 성직자와 귀족 계급은 국가에 세금 한 푼 안 내며 온갖 특권을 누리고 있었지.

프랑스 재정이 바닥을 드러냈음에도 불구하고, 성직자와 귀족은 자신들의

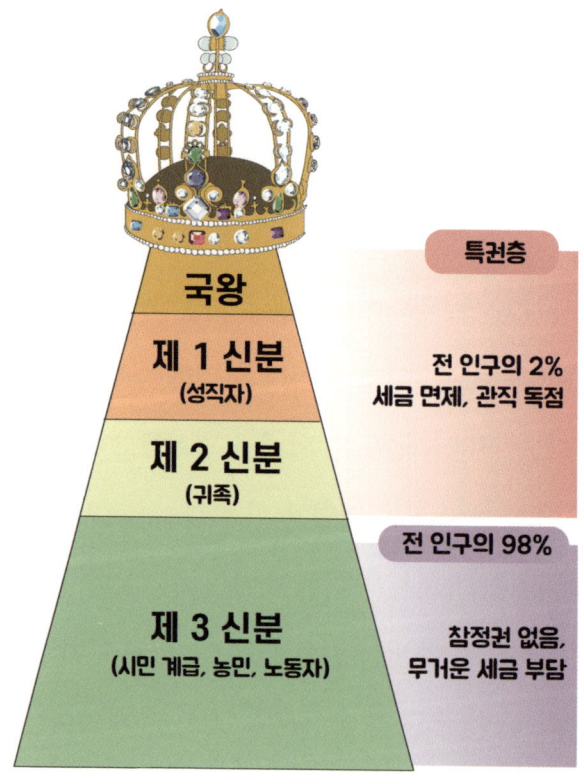

▲ 프랑스 신분 질서

특권을 내려놓지 않으려고 했어. 세금의 부담이 평민 계급으로 고스란히 넘어갈 수도 있는 상황이었지.

탐정의 비밀 노트

☑ **정치범**
범죄를 저지른 것이 아닌 정치적인 활동을 했다는 이유로 투옥된 사람들.

결국 참다못한 평민 계급은 불합리하고 모순된 신분 질서에 반대하며 1789년, 바스티유 감옥을 습격해. 평민들이 바스티유 감옥을 습격한 이유는 무엇일까? 그건 바스티유 감옥에 범죄자가 아닌 정치범들이 수감되어 있었기 때문이야. 바스티유 감옥에서 무기와 탄약도 챙긴 시민들은 무장한 채 거리로 나섰어. 프랑스대혁명이 시작된 거야.

QR코드로 영상 보기

민중들이 거리로 쏟아져 나온 이유는 무엇일까?

만두 탐정의 아틀리에

제1신분인 성직자는 세금을 내지 않는 면세특권이 있었어. 전 국토의 1/10을 소유했고, 영주로서 농노들에게 땅을 빌려준 대가를 받을 수 있었지.

제2신분은 귀족으로서, 제1신분과 마찬가지로 면세특권이 있었어. 이들은 나라의 주요 직책을 독점하였지.

제3신분은 인구의 98%를 차지했어. 이들에게는 혜택 없이 세금만 부과되었지. 부르주아, 농민, 노동자 등이 이에 해당되었어.

만두의 한마디
제1신분과 제2신분은 전체 인구의 약 2%였지만 나라의 많은 토지를 차지했어.

발견! 역사 노트

☑ HINT 바스티유, 루이 14세, 베르사유, 절대왕정

_____의 성립

상공업자의 지지로 왕의 힘은 점차 강해지게 돼. 화려한 _____ 궁전은 태양왕 _____의 절대 권력을 보여 줘.

구제도의 모순이 가져온 결과

전체 인구의 98%가 과도한 굶주림에 허덕일 때, 전체 인구의 약 2%를 차지하는 성직자와 귀족은 사치와 향락에 빠져 살았어. 불합리한 신분 질서에 반대한 평민이 _____ 감옥을 습격하며 프랑스대혁명이 일어나.

정답: 절대왕정, 베르사유, 루이 14세, 바스티유

# 왕은 끌어내렸는데 황제는 받아들였다고?

자신들을 억압하고 착취하는 기존 제도에 프랑스 시민들이 분노하여 혁명을 일으키자, 프랑스의 특권층은 목숨을 부지하기 위해 허겁지겁 다른 나라로 도망쳤어. 프랑스혁명에 프랑스의 특권층만 놀란 것이 아니었어. 유럽 다른 나라의 왕들도 혁명의 불길이 자신들의 나라로 번질 것을 걱정하여 프랑스에 군대를 파견해 혁명을 하루빨리 진압하라 명령하지.

그러던 중 프랑스의 왕 루이 16세가 적국인 오스트리아로 탈출을 시도하다 붙잡히는 일이 발생해. 한때 자신들의 왕이었던 사람이 자신들을 버리고 적국으로 가려고 했던 사실에 분노한 시민들은 왕을 폐위시키고 루이 16세를 평민으로 만들어 버려.

그리고 시민의 대표가 나라를 이끌어 가는 공화정을 출범시키지.

그러던 중 시민들을 큰 충격에 빠뜨린 사건이 발생해. 루이 16세가 오스트리아와 내통했다는 죄로 처형을 선고받은 거야. 시민이 왕을 처형시킨다는 것은 이전까지 감히 그 누구도 상상하지 못한 일이었어.

왕과 함께 특권을 누리던 특권층들도 왕과 같은 운명을 맞이했어. 피

바람은 혁명을 이끈 지도부 내에서도 불었어. 권력을 잡은 측은 자신들과 생각이 다르다는 이유로 함께 혁명을 일으킨 동료들조차 제거하였지.

많은 수의 사람이 혁명이란 이름 아래 목숨을 잃게 된 거야.

특권층은 더 이상 혁명을 가만히 두고만 보고 있을 수 없었어. 그들은 공화정에 반대하며 곳곳에서 반란을 일으켰지. 내부적으로 큰 혼란에 빠진 상황에서 적국까지 쳐들어오자 프랑스 시민들은 그들에게 안정을 가져다줄 영웅을 찾게 돼.

그런데 이때, 등장한 이가 있었으니 그가 바로 나폴레옹이야.

하급 장교 출신이던 나폴레옹은 적국과의 전쟁에서 연전연승하며 승승장구했어. 뛰어난 군대 통솔력과 철저한 분석에서 나오는 신출귀몰한 전략으로 그는 프랑스군을 승리로 이끌었지.

조국에 승리와 막대한 이익을 가져다준 나폴레옹은 군사 반란을 통해 공화정 최고 권력의 위치까지 오르고 이후 1804년, 프랑스 시민의 전폭적인 지지를 얻어 프랑스 최

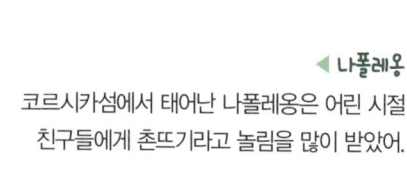

◀ 나폴레옹
코르시카섬에서 태어난 나폴레옹은 어린 시절 친구들에게 촌뜨기라고 놀림을 많이 받았어.

초로 황제에 등극하게 된단다. 황제가 된 나폴레옹은 이어지는 전쟁에서 계속 승리하며 서유럽 전체를 자기 발아래에 두게 돼.

하지만 그가 점령하지 못한 나라가 있었으니, 바로 해군이 강한 영국이었지. 영국은 나폴레옹의 세력 아래로 들어가지 않고 강하게 저항했어. 해군으로 영국을 상대하기 어려웠던 나폴레옹은 영국의 경제에 큰 타격을 입히기 위해 유럽 전역에 대륙봉쇄령을 내려. 영국과 물건 거래를 하지 말라는 조치였지. 그런데 나폴레옹의 이 조치에 경제적으로 큰 타격을 입은 나라가 따로 있었으니 그건 바로 러시아였어. 당시 러시아는 영국에 곡물을 대량으로 수출하고 공산품을 조달받고 있었는데 대륙봉쇄령 때문에 그들의 생존이 위협받게 된 거야.

러시아가 나폴레옹의 조치를 무시하고 영국과 다시 무역을 시작하자 나폴레옹은 러시아를 괘씸하게 여기고 러시아를 공격하러 떠나. 그리고 이 결정은 나폴레옹이 몰락하는 신호탄이 된단다.

러시아 원정에 나선 나폴레옹의 전략은 간단했어. 신속하게 러시아군을 공격해서 그들의 항복을 얻어 내려 한 거야. 나폴레옹은 보급을 현지에서 해결하기로 하고 군대를 이끌고 러시아로 진격했어. 하지만 러시아는 호락호락한 상대가 아니었어.

나폴레옹의 군대가 보급에 신경 쓰지 않았다는 점을 간파한 러시아는 러시아 땅에서 프랑스군이 식량을 얻을 수 없도록 그들의 도시를 스스로 불태워 버려. 그리고 계속해서 후퇴하며 프랑스 군대를 점점 더 깊숙한 곳

▲ 아돌프 노르텐, 〈모스크바에서 퇴각하는 나폴레옹〉

으로 유인하였지. 전쟁이 길어지며 러시아에 강한 추위가 찾아왔어. 추위에 대응하지 않은 채 전쟁에 참여한 나폴레옹의 군대는 추위와 전염병으로 많은 수의 병사를 잃게 되었고 결국 나폴레옹은 퇴각을 결정하게 돼. 러시아군은 이 기회를 놓치지 않고 퇴각하는 나폴레옹의 군대를 사정없이 공격했어. 결국 나폴레옹은 러시아 원정에서 크게 실패하여 프랑스로 돌아오게 된단다.

원정 실패의 여파는 생각보다 컸어. 나폴레옹은 프랑스에 대항하는 연합군과의 전투에서도 패배하며 이탈리아의 엘바섬으로 추방당해.

엘바섬으로 추방된 지 1년도 채 되지 않아 나폴레옹은 엘바섬을 탈출하여 재기를 꿈꾸었어. 하지만 워털루 전투에서 다시 한번 패배하며 나폴레옹은 모든 힘을 잃게 된단다.

나폴레옹의 자리는 루이 18세로 채워지며 프랑스는 왕이 통치하는 국가로 돌아가게 돼. 그럼 혁명은 실패한 걸까? 프랑스 시민들이 자유와 평화를 부르짖으며 거리로 나온 시간은 정말 아무런 의미가 없었던 걸까? 그렇지 않아. 자유를 맛본 시민들은 이후에도 왕가를 상대로 여러 차례

▼ 나폴레옹 당시 세력 지도

- 프랑스 제국령
- 정복한 위성국가
- 동맹국가
- 나폴레옹의 진로
- 주요 전투지

덴마크·노르웨이 왕국
스웨덴 왕국
보로디노전투
모스크바
러시아 원정
북해
프로이센 왕국
예나전투
베를린
바르샤바
라히프치히전투
바르샤바 대공국
러시아 제국
영국
런던
워털루전투
파리
라인 동맹
아우스터리츠전투
바그람전투
빈
오스트리아 제국
대서양
프랑스 제국
이탈리아 왕국
마렝고전투
로마
나폴리 왕국
오스만 제국
흑해
포르투칼 왕국
마드리드
에스파냐 왕국
사르데냐 왕국
시칠리아 왕국
이집트 원정
트라팔가르해전

라인 동맹: 신성로마제국의 수많은 제후국들로 구성되었던 국가연합으로 바이에른, 작센 왕국 등이 포함되어 있음.

223

혁명을 일으켰지. 이후 자유와 평등의 정신은 프랑스뿐 아니라 전 유럽에 퍼지게 되었고, 그 가치는 오늘날까지 사라지지 않고 지켜지고 있단다.

만두 탐정의 아틀리에

모스크바에서 약탈한 금 등 짐이 너무 많아 행군이 느려졌어. 수많은 동사자와 버려진 물건들이 보여. 유일한 운송수단이었던 말들도 대부분 굶어 죽었다고 해.

백마를 타고 잔뜩 움츠린 사람이 나폴레옹이야.

나폴레옹군은 혹독한 러시아의 추위와 러시아군의 공격으로 행군에 어려움을 겪었어.

만두의 한마디
약 60만 명의 대군은 러시아 원정 후 파리에 도착했을 때 1,600명 정도로 줄어 있었다고 해.

만두의 본격 인터뷰!

 나폴레옹 씨, 황제가 되기로 결심한 이유는 무엇입니까?

프랑스를 적으로부터 여러 차례 구해 내며 사람들에게 지지를 받았소. 자연스럽게 프랑스 최초로 황제가 되었지.

 러시아 원정은 왜 시도했나요?

영국과 무역을 하지 말라는 명령을 러시아가 어겼소. 그래서 혼내 주러 갔지. 하지만 알다시피 강추위가 복병이었소.

 현재 엘바섬에 쫓겨나 계신데, 앞으로의 계획은 무엇인가요?

쉿, 앞으로 여기를 탈출해서 재기 할 계획이 있다네. 내 반드시 내 이름을 세상에 다시 알릴걸세.

공장 노동자가 되려고 도시로 몰려든 농촌 사람들

1810년 영국 런던, 12세의 피터는 더러운 옷을 보고 힘없이 웃었어. 피터의 옷은 피터가 어떠한 일을 하였는지를 잘 보여 주었지. 또래 친구들보다 몸집이 작았던 피터는 굴뚝 안을 청소하는 일을 맡게 되었어. 돈을 벌 수 있다는 사실에 승낙한 일이지만 너무 힘들었어. 피터는 굴뚝이 무너져 크게 다친 친구의 이야기를 듣고 자신에게도 그러한 일이 일어날까 봐 일할 때마다 불안했지.

힘든 일에 비해 피터의 손에 쥐어진 돈은 얼마 되지 않았어. 피터는 길거리의 불량배들이 자기 돈을 빼앗으러 오지 않을까 걱정하며 얼마 되지 않는 돈을 꼭 쥐었어. 냄새나고 어두운 집으로 돌아온 피터는 언제까지 이렇게 살아야 하는

◀ 어린이 노동자 피터

지 생각했어. 그리고 아버지가 어린 시절 들려주었던 이야기를 떠올렸지.

아버지는 런던이 아닌 시골에서 사셨다고 했어. 사람들이 버린 쓰레기와 공장의 매연으로 심하게 오염된 이곳 런던과 다르게 아버지가 사셨던 곳은 매우 아름다운 곳이었다고 해. 푸른 들판에서 아버지는 깨끗한 공기를 마시며 어린 시절 뛰어놀았다고 하셨지. 아버지는 그곳에서 가족들과 함께 농사를 지으셨다 했어.

소박하지만 행복한 날들을 보내던 어느 날, 갑자기 땅 주인이 농사 대신 양을 키우겠다며 아버지와 가족들을 쫓아냈다 해. 양을 키우는 것이 농사보다 사람 손을 많이 필요로 하지 않았기 때문이지. 그렇게 하루아침에 쫓겨난 아버지는 가족들과 함께 이곳 런던으로 오시게 되었어. 런던에는 공장 노동자가 되어 돈을 벌려고 농촌에서 몰려든 사람들로 가득했어. 한 푼이라도 돈을 벌기 위해서 말이야.

런던에 오자마자 아버지는 돈이 되는 일을 찾으셨어. 그러던 중 찾은 게 발명품을 만드는 것이었지. 발명품을 만드는 게 어떻게 돈이 많이 되냐고? 그것은 그 당시 영국의 사회적 배경과 관련이 있어. 권리장전 이후 영국의 국가 권력은 왕이 아닌 의회로부터 나오게 돼. 권리장전은 또 뭐냐고? 권리장전은 인간의 권리와 자유를 규정한 법을 뜻해.

당시 유럽의 왕들은 절대적인 힘을 가지고 있었어. 그들은 자신이 원하는 대로 세금을 거두고 재판을 하였지. 그러다 1688년, 영국 의회는 독재를 일삼는 왕을 폐위시키고 새로운 왕을 모셔 오게 돼. 이 사건은 피 한 방울 흘리지 않고 국가의 권력이 바뀌었다고 해서 명예혁명이라고 불린단다. 명예혁명 이후 승인된 권리장전은 시민의 사유재산을 인정해 주었어. 왕이 다스리던 시기처럼 갑작스레 재산을 빼앗기는 일이 사라졌다는 이야기지. 거기다가 영국은 발명을 한 사람에게 특허권을 인정해 주기 시작했어. 발명품 하나만 잘 만들면 돈방석에 오를 수 있었던 거야. 발명가들은 자신에게 온 기회를 놓치지 않았어. 제임스 와트가 만든 증기기관을 시작으로 여러 발명품이 갑작스레 쏟아져 나오기 시작했지.

증기선과 증기기차 등은 교통을 급속도로 발달시켰어. 아버지도 발명가의 대열에 합류하려 했지만 새로운 것을 만들어 내는 데 번번이 실패했어. 손재주가 좋았던 아버지는 손으로 옷을 만들어 보려고도 했지만 이번

◀ 와트 증기기관
와트 이전에도 증기기관은 있었어. 하지만 그는 기존 증기기관의 단점을 개선해서 세상을 바꾸었지.

에는 방직기에 밀리고 말았지. 산업혁명기에 발명된 방직기는 사람보다 훨씬 빠른 속도로 옷을 만들었고 그렇게 만들어진 옷의 가격도 솜씨 좋은 사람이 만든 옷보다 훨씬 싸게 판매되었기 때문이야.

농부, 발명가, 수공업자를 거쳐 아버지는 마지막이라는 절박한 심정으로 면직물 공장에서 일하게 되었어.

하지만 안타깝게도 면직물 공장은 아버지의 재능을 발휘할 곳이 아니었어. 그렇게 아버지는 하루 열여덟 시간 반복되는 일을 하며 하루하루를 사셨다고 해.

지금은 어린 굴뚝 청소부지만 몇 년 후에 나도 아버지의 일을 이어 공장에서 일할 생각이야. 먹고살기 위해 어릴 적부터 공부 대신 노동을 선택한 나에게 사실 공장은 마지막 희망 같은 곳이야.

굴뚝 청소가 힘들 때면 나는 길거리에서 화려한 옷을 입은 사람들을 쳐다보며 내가 누리지 못한 멋진 삶을 상상해. 물론 그들을 보며 나는 세상은 매우 불공평하다고 생각하기도 한단다.

피터의 이야기를 잘 읽어 보았니? 산업혁명은 인류에게 이전까지 없던 풍요로움을 선사했어. 먹을 것이 늘 한정적이던 인류는 기계의 발달로 걱정 없이 먹을 수 있게 되었지. 그에 따라 인구도 급격히 증가했어.

하지만 빛에는 반드시 어둠이 따르듯 급격한 산업혁명으로 여러 문제가 곳곳에서 발생하게 돼. 일하기 위해 도시에 몰린 노동자들이 버린 쓰레기로 런던의 길거리는 금세 더러워졌지. 공장이 생기고 석탄 사용이 늘며 대기 오염도 심각해졌어. 대기 오염으로 인한 스모그로 앞이 보이지 않아 런던 사람들은 횃불을 들고 밖에 다녀야 하기까지 했어. 당시 환경 오염이 얼마나 심각했는지 느껴지지?

열악한 노동환경도 큰 문제였어. 노동자들이 받는 임금은 그들이 노력한 것에 비해 초라하기 짝이 없었지. 아동들은 노동을 착취당했고, 부자와 가난한 사람의 차이는 점점 벌어져만 갔어. 이러한 상황에 분노한 노동자들은 세상이 이렇게 변화한 것은 기계 때문이라 말하며 기계를 파괴하는 지경에 이르게 된단다. 이를 '러다이트운동'이라고 해.

이후에도 노동자들은 함께 파업하며 그들의 권리를 되찾고자 노력했어.

그 결과 노동환경을 개선하는 여러 법이 제정되고 노동자의 처우도 점차 나아지게 돼.

만두 탐정의 아틀리에

산업혁명의 그림자

☑ HINT 노동자, 임금, 작업

사장

너는 몸집이 작으니 굴뚝 안을 청소하기에 딱이야.
아무런 재능 없는 너에게 정말 좋은 일자리를 내가 준 거야!

감사합니다. 그런데 받은 돈이 너무 적어 먹고 사는 데 필요한 것을
사고 나면 남는 게 없어요. _____ 환경 또한 너무 위험해요.

도시노동자 소년

사장

너를 대신할 _____ 는 많아.
계속 불평하면 당장 내일 다른 아이로 바꾸어 버릴 거야!

네, 죄송합니다. '하루 빨리 어른이 되었으면…
어른이 되면 지금보다 _____ 이라도 더 받을 수 있겠지.'

도시노동자 소년

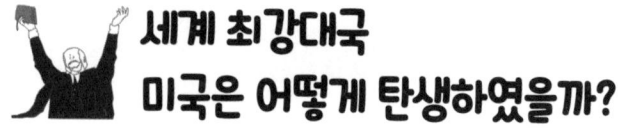
세계 최강대국 미국은 어떻게 탄생하였을까?

세계 최강대국을 어디라고 생각하느냐는 질문에 오늘날 대부분 사람은 미국이라 답할 거야. 그건 미국이 많은 부분에서 다른 나라를 압도하며 세계 최강대국의 자리를 오랜 기간 유지하고 있기 때문이지.

하지만 놀랍게도 이러한 미국의 역사는 생각보다 길지 않아.

1607년, 영국인이 오늘날 미국 땅에 세운 첫 번째 식민지는 당시 영국왕 제임스 1세의 이름을 딴 제임스타운이었어. 그러나 버지니아의 제임스타운은 북아메리카로 건너간 영국인들의 기대에 부합하지 못하는 곳이었어. 농사짓기 어려운 땅 때문에 굶주림에 시달리는 사람이 많았고 말라리아의 유행으로 많은 이가 목숨을 잃었지. 식민지에서의 삶은 이처럼 평탄하지 않았어.

그러던 중 1620년, 영국의 청교도들이 메이플라워호를 타고 북아메리카로 떠나는 사건이 발생해. 청교도가 뭐냐고? 청교도는 영국의 국교를 개혁해야 한다고 주장하는 사람들로, 검소하고 금욕적인 생활을 일상생활에서 실천했지. 영국 내에서 종교적으로 박해받던 청교도는 자유로운

안토니오 기스버트, 〈메이플라워호를 타고 온 영국의 청교도인들〉 ▲

신앙을 찾아 북아메리카로 떠날 결심을 하게 돼. 매사추세츠 지역에 정착한 청교도의 삶도 버지니아에 정착한 사람들의 삶과 다를 바가 없었어. 아무것도 없는 환경에서 청교도는 모든 것을 스스로 해결해야 했지.

비참한 현실에 놓인 청교도에게 도움의 손을 내민 건 그 주변에 살던 아메리카 원주민들이었어. 아메리카 원주민은 청교도에게 식량을 나누어 주고 집 짓는 법과 옥수수를 재배하는 방법 등도 알려주었지.

아메리카 원주민의 도움으로 청교도는 북아메리카 대륙에 정착하는 데 성공하게 돼.

이후 청교도를 포함한 영국인이 북아메리카로 대거 이주해 자신들이

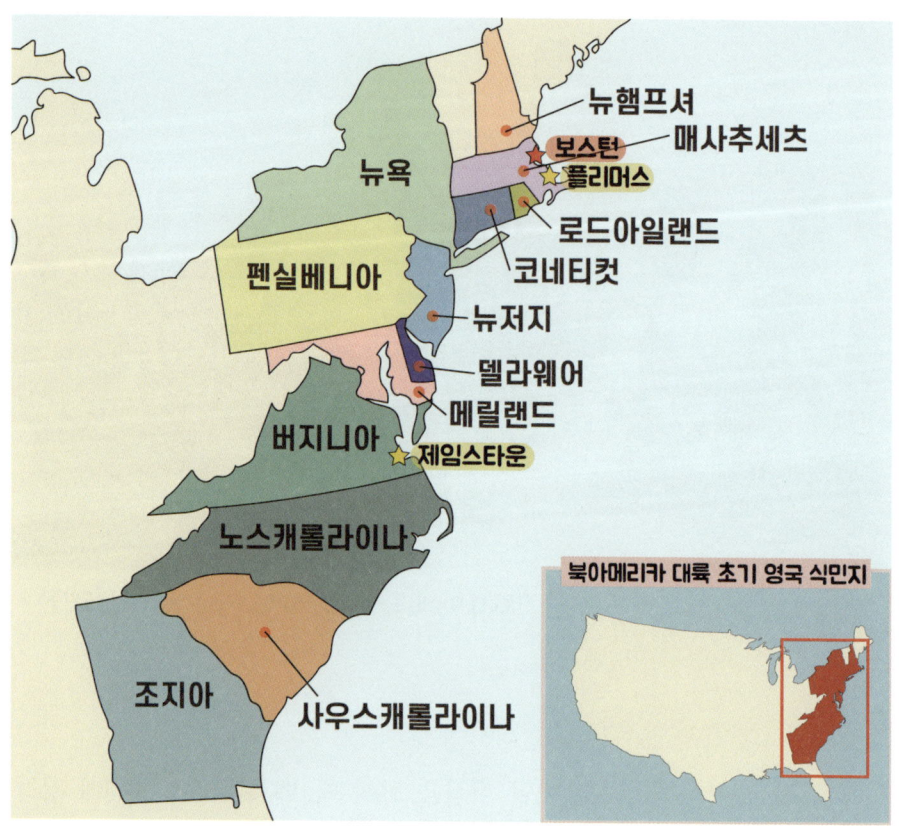

▲ 초기 북아메리카 영국 13개 주 식민지

정착할 땅을 넓혔고, 그 결과 영국은 북아메리카 동쪽에 13개 주의 식민지를 갖게 되지.

영국은 초기 북아메리카 식민지를 간섭하지 않고 내버려 두었어.

명예혁명 등 국내에서 일어난 사건으로 식민지를 간섭할 여력이 못 되었기 때문이지. 그사이 북아메리카 식민지는 지역별로 자신들만의 체제를 갖춰 갔어. 그렇게 영국과 북아메리카 식민지는 점차 다른 나라가 되어 가

▲ 나다니엘 커리어, 〈보스턴 차 사건〉
보스턴 차 사건으로 영국은 42톤에 달하는 차를 잃었다고 해.

고 있었지. 그때 프랑스와의 전쟁으로 돈이 부족해진 영국이 식민지에 더 많은 세금을 내라고 하는 일이 생겨. 갑자기 돈을 더 많이 내라고 하면 좋아할 사람이 없겠지? 식민지인들은 "식민지 대표가 참석하지 않은 영국 의회의 결정을 받아들일 수 없다"라며 저항했어. 식민지인들의 거센 저항에 놀란 영국은 홍차를 제외한 나머지 품목에는 세금을 부과하지 않았어.

하지만 이후 영국 차의 가격이 오르고 영국 차가 잘 팔리지 않자 영국 정부는 반대로 차의 가격을 확 낮추게 돼. 이에 가격 경쟁에 불리해진 식민지의 홍차 상인들은 영국에 격렬히 항의했어.

그러던 중 1773년, 인디언으로 분장한 사람들이 보스턴 항구에 정박 중이던 영국 배 안의 홍차 상자를 바다에 던지는 일이 발생해. 보스턴 차(茶) 사건이라 불리는 이 사건으로 인해 분노한 영국은 보스턴 항구를 폐쇄하는 등의 방법으로 보복하려 했어. 이에 13개 식민지 주 대표들은 대륙회

탐정의 비밀 노트

☑ **게릴라 전술**
소규모의 군대가 지형을 활용하여 적군의 약한 쪽을 치고 빠지는 전술이야.

의를 열고 1776년 7월 4일, 영국으로부터의 완전한 독립을 선언하는 독립선언서를 발표하게 돼. 세계 최초의 민주주의 국가가 탄생한 거야.

조지 워싱턴을 총사령관으로 하는 독립군은 게릴라 전술을 구사하며 막강한 영국군을 상대했어. 당시 영국과 적대적 관계에 있던 프랑스도 독립군의 활약을 듣고 독립군에 전폭적인 지원을 했지.

여기에 스페인과 네덜란드까지 독립군을 지원하며 미국 쪽으로 전세가 기울자 결국 영국은 항복을 결정하고 미국의 독립을 인정하게 돼.

이후 13개 주로 나뉘었던 식민지는 미합중국으로 통합되었고, 독립군을 승리로 이끈 조지 워싱턴이 미합중국의 초대 대통령으로 선출돼.

이후 미국은 풍부한 자원을 바탕으로 급격하게 성장했어. 하지만 계속 좋은 일만 있을 수는 없었어. 미국에도 위기가 찾아온 거야.

만두 탐정의 아틀리에

메사추세츠 플리머스 항에 메이플라워호가 도착했어. 정착지에서 그들은 모든 것을 스스로 해결해야 했지. 이때, 인디언이 식량이 없던 백인들을 도와주었어.

기도하는 청교도인들 뒤로 그들이 타고 온 메이플라워호가 보여. 새로운 땅으로 오기까지 그들은 배고픔, 질병과 싸워야 했어.

메이플라워호를 타고 온 아기의 모습도 보이네.

만두의 한마디
청교도는 생활방식이 매우 엄격했어. 술에 취하고 욕하는 것을 강하게 처벌했고, 화려한 옷차림을 경계했지. 당시 영국 국왕이 었던 제임스 1세가 청교도인을 박해하자 청교도인들은 왕의 박해를 피해 영국을 떠나기로 해.

미국의 탄생 연표 만들기

☑ HINT 보스턴 차 사건, 독립선언서, 홍차, 메이플라워호

- 1607년 영국인의 첫 번째 식민지였던 버지니아에 제임스타운을 건설.
- 1620년 영국 청교도인들이 _____ 를 타고 메사추세츠 지역에 정착.
- 이후 영국인들이 북아메리카로 대거 이주하고 13개 주의 식민지를 건설.
- 프랑스와의 전쟁으로 돈이 부족해진 영국은 식민지에 더 많은 세금을 내라고 했고 _____ 에 관세를 붙임.
- 1773년, 영국 배 안의 홍차 상자를 바다에 던지는 _____ 발생.
- 1776년 7월 4일, 영국으로부터의 완전한 독립을 선언하는 _____ 를 발표. 세계 최초의 민주주의 국가가 탄생.

정답: 메이플라워호, 홍차, 보스턴 차 사건, 독립선언서

미국의 분열을 막아라! 링컨의 특명

미합중국의 16대 대통령 링컨은 흑인 노예 해방 선언으로 오늘날에도 많은 사람들에게 존경을 받고 있어. 그런데 놀라운 사실 한 가지! 사실 링컨은 흑인 노예의 인권에 큰 관심이 없었어. 그는 오로지 그에게 내려진 시대의 특명을 해결하는 데 관심이 있었지.

링컨이 해결해야 할 시대의 특명. 그가 해결해야 할 과제는 도대체 무엇이었을까?

독립 후, 새로운 땅에서 희망을 꿈꾸며 미국으로 건너오는 유럽인이 늘어나며 1800년대부터 미국의 인구는 급격히 증가해. 13개 주로 시작한 영토도 점점 넓어졌지. 그 결과 단기간에 광활한 영토를 가지게 된 미국은, 동서로 긴 영토를 하나로 연결하기 위해 철도를 건설했어. 철도는 태평양과 대서양 사이의 교류를 원활하게 만들었지. 풍부한 자원과 교통의 발달 덕분에 미국은 급격한 발전을 이루었어.

미국의 북부와 남부에서는 주요 산업이 각기 다르게 발달했는데, 지하자원이 풍부했던 북부에는 공장이 많이 지어져 산업화가 빠르게 진행되

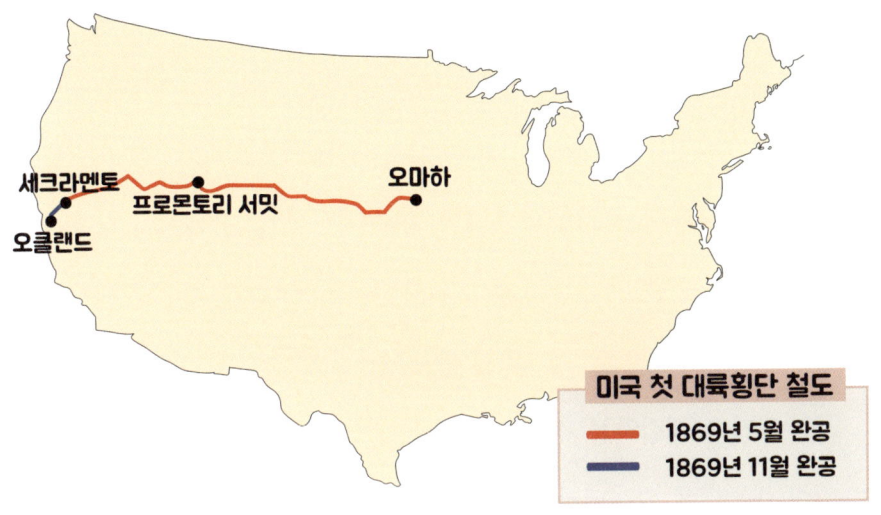

▲ 미국 첫 대륙횡단 철도
많은 중국인 노동자들이 철도 공사에 투입되었어.

었고 남부에는 면화와 사탕수수를 재배하는 대농장이 발달했지.

미국의 남부는 따뜻한 기후로 목화를 재배하기 딱 좋은 환경이었어. 문제는 목화꽃을 수확하는 데 노동력이 많이 들었다는 거야. 이러한 문제를 남부의 농장주들은 흑인 노예를 사 들이는 방법으로 해결하며 큰 돈을 벌게 돼.

목화 산업이 인기를 끌며 미국에 새롭게 합류하는 주(州)로 확대될 조짐이 보이자 북부는 조바심이 났어. 새롭게 합류될 주가 남부와 힘을 합하면 북부가 정치적으로 고립될 수 있었기 때문이었지.

이때 북부에서 내민 비장의 카드가 바로 '노예제 폐지'였어. 북부 사람들이 갑자기 노예제 폐지를 주장한 이유는 무엇일까? 그들이 남부 사람들보다 착해서일까? 아니야. 공장에서 일할 숙련된 기술자가 필요했던 북부는 남부와 달리 흑인 노예가 크게 필요하지 않았어.

그에 반해 남부에서는 흑인 노예가 없어서는 안 될 존재였지. 앞서 얘기했듯이 노예가 없으면 대농장을 운영하기 어렵기 때문이야. 그래서 남부는 노예제를 필사적으로 지키려고 했어.

양쪽 의견이 대립하는 상황에서 노예제 폐지를 주장하던 링컨이 미국의 16대 대통령에 당선되자, 1861년 남부 7개 주는 미연방을 탈퇴하여 독립된 국가를 세우려 했어. 링컨은 남부의 탈퇴를 당연히 인정하지 않았고

▼ 미국 남북전쟁

▲ 펜실베이니아 게티즈버그에서 연설하는 링컨
격전지였던 게티즈버그 전투에서 목숨을 잃은 장병들을 추모하는 자리에 참석한 링컨.
"국민의, 국민에 의한, 국민을 위한 정부는 이 지상에서 절대 사라지지 않을 것이다"로 유명한
이날의 연설은 짧지만 사람들에게 강한 울림을 주었어.

같은 해, 섬터 요새 전투를 시작으로 남북전쟁이 발발하게 돼.

전쟁 초기에는 남부가 승세를 잡았어. 이대로 남부가 전쟁에 승리했다간 미국이 분열될 것이라 생각한 링컨은 1863년, 전세를 뒤집을 승부수를 날려. 노예 해방을 선포한 거야.

노예 해방 선언은 전쟁의 흐름을 크게 뒤바꿔 놓았어. 남부의 노예들은 링컨의 선언에 기뻐하며 북부의 군대에 가담했고, 일찌감치 노예를 해방했던 영국과 프랑스도 노예제를 유지하는 남부를 더 이상 지지할 수 없게

◀ 링컨 전시관에 있는 연설문
전시관에는 링컨의 연설문이 그대로 적혀 있어.

돼. 이후 북부는 치열했던 게티즈버그 전투에서 승리하며 승기를 잡게 되었고, 1865년 버티다 못한 남부가 항복하며 남북전쟁은 끝이 나.

다시 하나가 된 미국은 전쟁으로 인한 피해를 빠르게 복구했고 열강의 반열에 오르게 된단다. 그런데 노예 해방 선언으로 흑인들은 완전한 자유를 누리게 되었을까?

아니야. 흑인에 대한 차별은 미국 내에 여전했어. 흑인은 이러한 차별에 맞서 오랜 기간 싸우며 긴 저항의 역사를 써 내려가게 된단다.

만두 탐정의 아틀리에

남북전쟁의 과정

☑ HINT 게티즈버그, 노예 해방령, 링컨

- **1808년** — 노예수입 금지법 통과.
- **1861년 2월** — 링컨 대통령 취임 전, 남부 7개 주 연방 탈퇴.
  - 남부연합 임시헌법 채택, 몽고메리를 임시수도로 지정
- **1861년 3월** — 미합중국 16대 대통령으로 _____ 당선.
- **1861년 4월** — 남부연합군의 공격으로 남북전쟁 시작.
  - 섬터 요새 공격 이후 남부연합 11개 주로 확대
- **1863년 1월** — _____ 선포
  - 노예제를 폐지한 영국과 프랑스는 남부연합과 동맹을 맺을 수 없게 됨.
  - 해방 노예들이 북부 연방을 위해 싸움.
- **1863년 11월** — _____ 연설
  - 최대 격전지 게티즈버그에서 링컨은 목숨을 잃은 병사들을 추도하기 위한 연설을 남김.
- **1865년 4월** — 남부연합군 항복, 남북전쟁 끝이 남.

8부

제국주의 괴물이 가져온 파멸

A.D. 1840년
1차 아편전쟁 발발

A.D. 1914년
1차 세계대전 발발

A.D. 1840 — A.D. 1900

A.D. 1868년
일본 메이지 유신

과학의 발달로 사람들은 합리적으로 사고하기 시작했어. 하지만 모순적이게도 이 시기 사람들은 대화가 아닌 전쟁으로 모든 문제를 해결하려 했어. 당시 사람들은 왜 전쟁이라는 극단적인 선택을 하게 된 걸까? 참담한 전쟁의 모습을 살펴보며 평화의 중요성을 느껴 보자.

A.D. 1933~1938년
미국 뉴딜정책

A.D. 1941년
태평양전쟁 시작

A.D. 1930 ———— A.D. 1940 ———— A.D. 1950

A.D. 1929년
경제대공황 발생

A.D. 1939년
2차 세계대전 발발

A.D. 1945년
2차 세계대전 종결

 ## 제국주의의 산물, 아프리카의 국경선은 왜 반듯할까?

인클로저 운동으로 농촌에서 내몰린 사람들이 도시로 모여들었다고 앞에서도 얘기했지? 그러한 이유로 도시에는 공장에서 일할 수 있는 사람이 넘쳐나게 돼. 아는 것도 없고 기술도 없던 사람들은 먹고살기 위하여 공장에서 노동자로 일하게 되지.

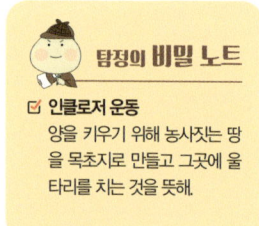
탐정의 비밀 노트
☑ **인클로저 운동**
양을 키우기 위해 농사짓는 땅을 목초지로 만들고 그곳에 울타리를 치는 것을 뜻해.

기계가 인간이 하는 일의 많은 부분을 대체한 탓에 노동자들은 공장에서 간단하고 반복적인 일을 했어.

일이 어렵지 않아 편했겠다고? 그렇게 생각하면 큰 오산이야. 노동자들은 그들의 자리를 항상 위협받았어. 그들이 하는 일은 다른 노동자들로 충분히 대체 가능한 일이었기 때문이지.

그래서 자본가들은 노동자에게 임금을 적게 주고도 많은 일을 시킬 수 있었어. 이렇게 값싼 노동력을 바탕으로 자본가들은 큰돈을 벌고, 고된 노동에도 불구하고 저임금을 받는 도시의 노동자들은 빈민층으로 전락했지. 그렇게 돈은 세상에서 최고의 가치이자 미덕이 되었어. 이후 자본주의

가 본격적으로 발달하며 빈부격차는 더 커지게 돼.

한편 산업화에 성공한 유럽 열강은 자국의 공장에서 대량으로 생산한 물건을 계속해서 내다팔 시장이 필요했어. 물건이 팔리지 않아 창고에 물건이 쌓이기라도 하면 국가에 막대한 손실이 발생하기 때문이야. 그래서 유럽 열강은 약소국을 자신들의 식민지로 만들어 자국에서 생산한 물건을 내다팔려 했지.

하지만 다른 나라를 식민지로 만드는 일은 생각보다 쉽지 않은 일이었어. 침입자에 맞서 죽기를 각오로 맞서 싸우는 다른 대륙의 병사들과 비교해 유럽 열강의 병사들은 사기(士氣)와 군사 수에서 불리했기 때문이지.

유럽 열강이 승리한다는 것은 상식적으로 불가능에 가까워 보였어. 그런데 놀랍게도 이 전쟁에서 유럽 열강은 승리해. 그것도 압도적으로 승리했어. 어떻게 이러한 일이 가능했을까?

그건 산업화에 성공한 유럽 열강의 무기가 식민지의 나라보다 훨씬 좋았기 때문이야. 특히 기관총은 전쟁의 양상을 단번에 바꾸어 버렸어. 사실 총은 장전하는 데 오랜 시간이 걸린다는 이유로 이전까지 큰 위력을 뽐내지 못했어. 압도적인 수로 빠르게 밀려오는 적을 상대하기에 이전의 총은 효과적이지 못했지.

하지만 기관총이 발명되어 빠른 속도로 여러 발 쏘는 것이 가능해지자, 유럽 열강은 적은 수의 병력으로 그들보다 몇 배에 달하는 적을 제압할 수 있게 되었어. 이후 유럽 열강은 아메리카와 아프리카 그리고 아시아 등

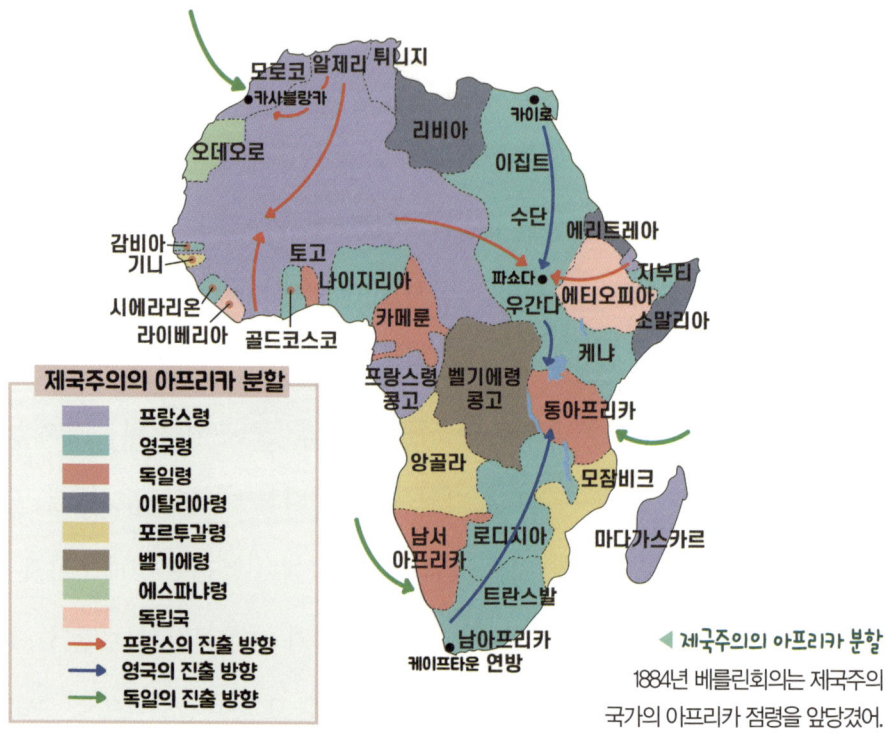

▲ 제국주의의 아프리카 분할
1884년 베를린회의는 제국주의 국가의 아프리카 점령을 앞당겼어.

세계 곳곳에서 경쟁하듯이 그들의 식민지를 넓혀 갔어. 힘이 강한 나라가 열등하고 힘이 없는 나라를 지배하는 것은 당연하다는 약육강식의 논리를 펴며, 유럽 열강은 식민지 지배를 당연시하기까지 했어.

그렇게 더 많은 식민지를 차지하기 위한 제국주의 국가들의 경쟁이 치열해지며 제국주의 국가 간의 무력 충돌까지 우려되는 상황에 이르게 돼. 이에 제국주의 국가 간의 충돌을 예방하고자 그들은 베를린에 모여 회담을 하게 된단다.

▶ 세실 존 로즈의 케이프-카이로
 철도 계획을 풍자한 그림

이 회담에서 제국주의 국가들은 아프리카 부족의 역사와 전통을 무시한 채, 자신들의 이익과 편의에 맞게 아프리카 대륙의 국경선을 일직선으로 그어 버렸어. 그 때문에 아프리카는 큰 혼란에 휩싸이고 말아.

원래 아프리카에는 다양한 부족이 살고 있었어. 그런데 제국주의자들의 입맛에 따라 그어진 경계선으로 인해 같은 민족이 서로 다른 나라에 떨어져 살거나, 한 개의 나라에 여러 부족이 뒤섞여 살게 되지.

탐정의 비밀 노트
☑ 제국주의
특정 국가가 강력한 군사력을 바탕으로 다른 민족이나 국가를 지배하는 정책 함께 국가를 이루고 살아가기에 사이가 너무 나빴던 부족들이 하루아침에 같은 나라로 묶이면서 부족 간의 갈등이 끊임없이 일어났어. 그리고 이러한 부족 간 갈등은 아프리카 각국이 제국주의 국가로부터 독립한 후 더욱 커지게 되지.

국가로부터 차별이나 불이익을 당했다고 생각하는 부족들은 나라에 반기를 들었고 이로 인해 아프리카 곳곳에 내전이 발생하게 돼. 제국주의자들의 욕심으로 인해 발생한 아프리카 내전은 지금까지도 검은 대륙을 눈물로 물들이고 있어.

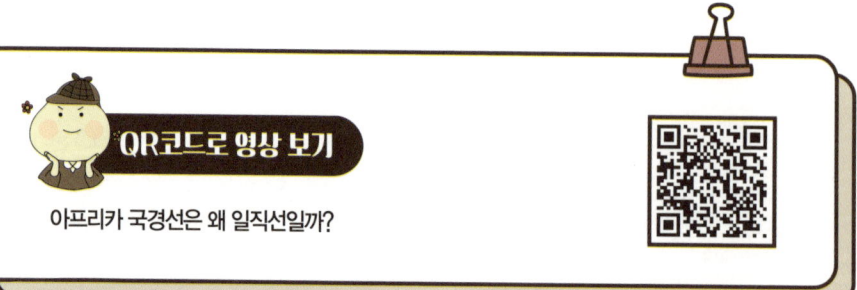

QR코드로 영상 보기
아프리카 국경선은 왜 일직선일까?

만두 탐정의 아틀리에

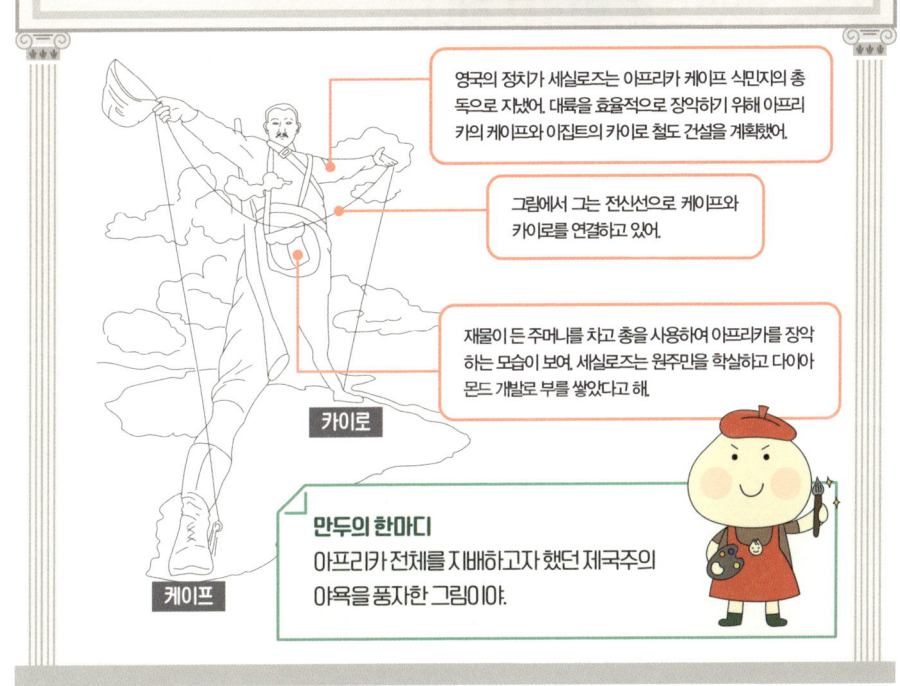

영국의 정치가 세실로즈는 아프리카 케이프 식민지의 총독으로 지냈어. 대륙을 효율적으로 장악하기 위해 아프리카의 케이프와 이집트의 카이로 철도 건설을 계획했어.

그림에서 그는 전신선으로 케이프와 카이로를 연결하고 있어.

재물이 든 주머니를 차고 총을 사용하여 아프리카를 장악하는 모습이 보여, 세실로즈는 원주민을 학살하고 다이아몬드 개발로 부를 쌓았다고 해.

카이로

케이프

만두의 한마디
아프리카 전체를 지배하고자 했던 제국주의 야욕을 풍자한 그림이야.

제국주의, 그것이 알고 싶다

☑ HINT 식민지, 약육강식, 노동력, 시장

❶ 자본주의가 본격적으로 시작되며, 유럽 열강은 물건을 계속해서 팔 _____이 필요했고, 값싼 원료와 _____도 필요로 했지.

❷ 이러한 이유로 유럽 열강은 약소국을 자신들의 _____로 만드는 데 더욱 박차를 가하게 돼.

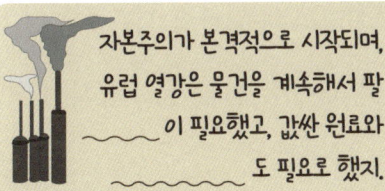

제국주의

❸ 유럽 열강의 무기가 식민지 국가의 무기보다 훨씬 좋았기 때문에 유럽 열강은 전쟁에서 압도적으로 승리했어.

❹ 유럽 열강은 _____의 논리를 펴며 아메리카와 아프리카, 아시아 등 세계 곳곳에서 경쟁하듯이 그들의 식민지를 넓혀 갔어.

정답: (시계 방향으로) 시장, 노동력, 식민지, 약육강식

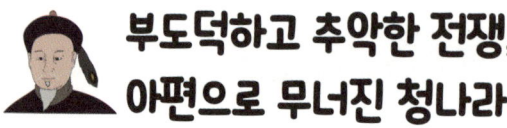# 부도덕하고 추악한 전쟁, 아편으로 무너진 청나라

오늘날 우리는 마약이 인간의 삶을 얼마나 망가뜨리는지 잘 알고 있어. 그래서 세계 각국에서는 마약으로부터 국민을 보호하기 위해 많은 노력을 하고 있지.

그런데 국가가 직접 나서 마약을 유통했다면 어떨까? 마약이 유통되는 것을 단속해야 할 국가가 마약을 직접 유통시키는 것이 말이 되냐고? 거짓말 같지만 그 일이 실제로 일어나게 돼.

1644년, 만주족(여진)은 명나라가 약해진 틈을 노려서 한족을 몰아내고 대륙의 새로운 주인이 돼. 만주족이 세운 청나라는 최전성기를 맞은 18세기, 세계 1위의 경제력을 갖춘 동시에 중국 역사상 최대 영토를 차지하며 대국으로서 막강한 위용을 뽐냈지.

마르코 폴로의 『동방견문록』으로 중국을 처음 접한 유럽의 지식인들은 유럽보다 앞선 문화를 누리던 중국을 선망했고 유럽국가들은 해상무역을 통해 청나라의 선진 문물을 받아들이고 싶어 했어. 당시 유럽에서는 청나라의 진기한 물건들이 인기가 많았는데 그중 영국인들이 가장 사랑한 것은 차(茶)였어.

청나라에서 가지고 온 차와 아메리카에서 가지고 온 설탕의 조합이 환상적이기 때문이야. 차에 취한 영국은 청나라로부터 차를 대량으로 수입하고 은으로 물건 값을 치렀지.

그럼 청나라에서 인기 있었던 영국의 물건은 무엇이었을까?

안타깝게도 영국의 물건은 청나라에서 인기가 없었어. 그 때문에 영국과 청나라의 무역은 청나라에 일방적으로 유리하게 흘러갔지. 이러한 상황이 계속되며 영국의 은이 청나라로 계속 흘러가게 돼. 그리고 그 결과, 영국은 심각한 재정 위기를 맞이하게 되지.

영국은 불리하게 진행되는 무역의 흐름을 바꾸고 싶었어. 고심 끝에 영국은 무역의 흐름을 역전시킬 비장의 카드를 꺼내 들었지. 자신들의 식민지인 인도에서 재배한 아편을 청나라에 팔기로 한 거야. 아편은 중독성이 강한 마약의 한 종류였어.

밀수업자들을 통해 은밀히 아편을 유입시키겠다는 영국의 전략은 성공했어. 아편에 취해 아편을 구하려는 청나라인이 늘어나며 은은 점차 영국으로 흘러가게 돼. 아편으로 영국은 이제껏 쌓인 무역 적자를 단번에 해결할 수 있었지.

한편 청나라는 경제적으로 큰 타격을 받았어. 영국으로 은이 유출되는 것은 물론 아편에 중독되어 일하지 않는 사람이 늘면서 국가 재정

탐정의 비밀 노트

☑ **밀수업자**
세금을 내지 않고 물건을 불법적으로 거래하는 사람들을 말해.

▲ **아편을 폐기하는 임칙서**
임칙서는 23일에 걸쳐 500여 명의 인부를 동원하여 석회와 아편을 섞어서 아편을 완전히 중화시켜 폐기했어.

이 크게 위축되어 버렸지.

이대로 가만히 있어서는 안 되겠다고 생각한 청나라 황제는 불법적인 마약 거래를 막고자 임칙서라는 유능한 관리를 불러 문제 해결을 맡겼어.

황제의 명을 받은 임칙서는 밀수업자들로부터 아편을 모두 몰수해 폐기해 버렸단다. 임칙서의 강경한 조치에 놀란 영국 의회는 이 문제에 대한 대응을 두고 투표를 했어. 결과가 어떻게 나왔을까?

놀랍게도 청나라를 공격하자는 쪽으로 결과가 나왔어.

이 결정은 불법적인 마약 거래를 국가가 인정하는 꼴이었지. 19세기 중반,

세계 역사상 가장 부도덕한 전쟁인 아편전쟁은 이렇게 시작돼.

막강한 경제력과 엄청난 인구수를 자랑하는 청나라와 빅토리아 여왕 시대에 최전성기를 맞은 영국의 대결. 누구의 힘이 더 강했을까?

당시 청나라의 배는 바람의 방향에 따라 움직이는 배였어. 하지만 영국의 배는 엔진을 장착해 원하는 방향으로 어디든 자유롭게 움직일 수 있었지. 또 영국의 함대는 포를 자유자재로 쏠 수 있는 무시무시한 능력도 가지고 있었어.

함선과 무기의 차이만 보아도 전쟁의 결과가 예상되지 않니? 광저우 앞

▶ 아편전쟁과 난징 조약
영국에 항구를 개항하고 홍콩을 할양하는 등의 불평등한 내용이 조약에 포함되었어.

◀ 중국에 대한 왕과 황제들의
　　파이 나누기

바다에서 시작된 영국 함대의 공격에 청나라는 무기력하게 무너지고 말아. 결국 청나라는 백기를 들고 1842년 8월 남경(난징)에서 영국과 불평등 조약인 '난징 조약'을 체결하게 돼. 영국의 승리로 끝난 아편전쟁은 중국이 세상의 중심이라고 이제껏 믿어 왔던 동아시아 모든 국가에 큰 충격을 주었어.

그리고 아편전쟁으로 청나라가 생각보다 약하다는 사실이 드러나며, 청나라는 제국주의 국가들의 주요 먹잇감으로 전락하지. 최신식 무기로 무장한 제국주의 국가들의 침략을 창과 석궁으로 막는 것은 불가능했어.

제국주의 국가와의 전쟁에서 패한 청나라는 영국, 프랑스, 러시아 등에 많은 이권을 넘겨주었고 그사이 아편은 청나라 전역으로 퍼지게 된단다.

망하기 직전의 상태에 이른 청나라에 필요한 것은 변화였어.

지금까지 자신들이 최고라고 자부하며 살던 청나라 내에서도 서양을 배워야 한다는 목소리들이 나오기 시작했어.

청나라는 과거의 굴욕을 딛고 변화에 성공할 수 있었을까?

만두 탐정의 아틀리에

강대국들이 청나라 관리가 손톱을 세우고 위협을 하는데도 이를 외면한 채 "중국"이라고 쓰인 파이를 칼로 나누고 있어. 당시 청나라가 얼마나 힘이 없었는지 알 수 있지.

— 프랑스의 마리안

러시아 제국의 니콜라이 2세 황제

대영 제국(영국)의 빅토리아 여왕

독일제국의 빌헬름 2세 황제

일본제국의 사무라이

만두의 한마디
1898년 1월 15일 프랑스 신문 《르 프티 주르날》에 실린 열강들의 중국 분할 구상을 풍자하는 만평이야.

역사 Talk Talk

아편전쟁이 일어나기까지 편

청 — 차(茶) 덕분에 영국에서 막대한 은이 굴러 온다 해~

영국 — 영국의 은이 청나라로 계속해서 흘러가니 심각한 재정 위기 상황이야. 무역의 흐름을 역전시킬 비장의 카드, 아편을 꺼내자.

청의 아편 중독자들 — 헤롱헤롱~ 이게 뭐지? 아편을 주시와 당쟁!

(아편으로 중국의 은이 영국으로 대량 흘러 가며 영국의 무역 적자가 해결됐습니다.)

임칙서 — 황제의 명대로, 밀수업자들로부터 아편을 모두 몰수해 폐기해야겠어.

영국 — 뭐? 아편을 몰수했다고? 이대로는 안 되겠어. 청나라를 공격합시다.

전 세계를 피로 물들인 끔찍한 전쟁, 1차 세계대전

독일은 주변 국가들의 견제로 오랜 기간 통일되지 못하고 나뉘어 있었어. 그러다 비스마르크 총리의 강력한 지도력 아래 힘을 빠르게 키운 프로이센이 독일을 통일하게 되지.

통일의 염원을 이룬 독일은 다른 유럽 열강들과 마찬가지로 식민지를 많이 차지하고 싶어 했어. 독일이 군침을 흘리며 식민지 시장에 뛰어들려고 하자 영국과 프랑스는 긴장했어. 신흥 강국 독일에 자신들의 식민지를 빼앗길까 봐 불안했던 거야.

독일이 오스트리아-헝가리와 이탈리아를 끌어들여 삼국동맹을 구성하자 영국과 프랑스는 러시아와 함께 삼국협상을 구성하여 세력의 균형을 맞추었어.

거대한 두 세력이 불안하게 대립하던 중 1914년 보스니아의 수도, 사라예보에서 세계를 놀라게 한 사건이 발생해. 사라예보를 방문한 오스트리아-헝가리 황태자 부부가 세르비아계 청년의 총에 맞아 암살된 거야.

1차 세계대전의 도화선이 되었다고 평가받는 사라예보 사건은 왜 일어

▲ 1차 세계대전
유럽은 협상국과 동맹국으로 나뉘어 끔찍한 전쟁을 벌이게 돼.

나게 된 걸까? 세르비아와 보스니아는 오랜 기간 오스만제국의 지배 아래 있다가 독립한 나라였어. 슬라브 민족이라는 공통점이 있는 두 나라는 힘을 합하여 강한 나라를 만들고 싶었지.

그런데 오스트리아-헝가리가 보스니아를 힘으로 차지하며 두 나라의 꿈을 산산조각낸 거야.

이에 분노한 세르비아 비밀단체 소속 청년은 총으로 오스트리아-헝가리 황태자 부부를 저격했어.

황태자 부부의 암살에 분노한 오스트리아-헝가리가 세르비아에 선전포고를 하자 같은 슬라브 민족 국가인 러시아가 세르비아를 지원하게 돼.

그러자 독일 또한 자신의 동맹국을 지원하기 위해 러시아에 선전포고를 하였지. 물론 러시아도 혼자가 아니었어. 삼국협상을 맺은 영국과 프랑스가 러시아를 도와 전쟁에 뛰어들었던 거야. 이로써 전 유럽이 전쟁에 휘말리게 된단다.

강력한 무기를 소지한 제국주의 국가가 서로 맞붙는 전쟁은 압도적인 화력 차이로 승패가 빠르게 결정된 식민지 침략 때와는 분명 달랐어. 양 세력은 긴 전선을 구축하며 전쟁은 장기전이 되었어.

적진으로 빠르게 뛰어 들어가 적을 섬멸하면 전쟁이 빠르게 끝날 수 있지 않냐고?

1차 세계대전은 이전 전쟁과 달랐어. 산업화에 성공한 제국주의 국가들은 물량을 대량으로 생산하여 전쟁에 투입했고 기관총 같은 성능 좋은 무기들도 이번 전쟁에 많이 출현했지.

성능 좋은 무기 앞에 개인의 전투력은 무의미해졌어. 말을 타고 적진을 향해 앞장서 뛰어드는 행동은 과거 용감한 행동으로 칭찬받았지만, 1차 세계대전에서는 무모하고 어리석은 행동으로 비웃음을 샀단다.

군인들은 살기 위해 구덩이를 팠어. 적의 총탄을 막기 위해 깊게 판 구덩이를 참호라고 하는데, 전쟁이 장기전으로 바뀌면서 참호는 지옥으로 변해 갔어.

전쟁 기간 군인들은 참호 안에서 먹고 자는 등의 일상생활을 했는데 참호 내 열악한 환경으로 정상적인 생활을 할 수가 없었어. 동료가 옆에

◀ 참호에서 소형 방독면을 착용한 군사
생화학무기들이 전장에 사용되어 방독면을 착용한 채 싸울 수밖에 없었어.

서 목숨을 잃어도 제대로 된 장례를 치러 줄 수 없어 참호 안에 시체를 그대로 방치해 두었지. 부패한 시체와 대소변으로 참호 안은 해충이 창궐했어. 잠시도 편히 쉬기 어려운 환경에서 군인들은 지쳐 갔고 2년 동안 양측이 소모전을 이어 가며 수많은 군인이 희생되었지.

연합국(협상국)과 동맹국, 어느 한쪽도 확실한 승기를 잡지 못한 상황에서 전쟁의 추가 한쪽으로 급격히 기우는 사건이 발생하게 돼. 바로 독일이 잠자는 사자인 미국을 깨운 거야. 독일은 해상에서 영국을 봉쇄하기 위하여

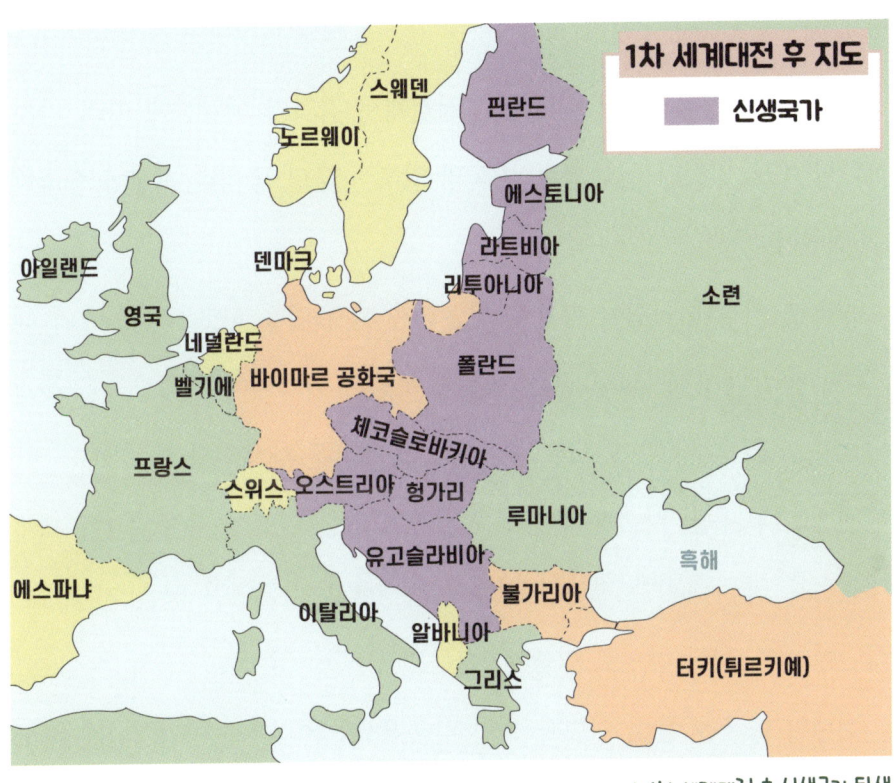

▲ 1차 세계대전 후 신생국가 탄생
윌슨의 민족자결주의는 패전국에만 적용되었어.
오스만제국과 오스트리아-헝가리 제국의 지배 아래 있던 민족들이 이때 많이 독립했어.

영국으로 오고 가는 무수히 많은 상선들을 잠수함으로 무차별적으로 공격하고 있었는데, 그 과정에서 미국인이 탑승하고 있는 영국의 상선도 격침시켜 버렸지. 자국민을 공격한 데다 멕시코에 미국을 공격해 달라고 독일이 비밀 전보까지 보낸 사실이 드러나자 미국은, 1917년 본격적으로 1차 세계대전에 참전

탐정의 비밀 노트

☑ 민족자결주의
각 민족은 다른 민족의 간섭을 받을 수 없다는 미국 윌슨 대통령의 주장이야.

하게 돼.

동부 전선의 러시아가 혁명으로 전선에서 갑자기 이탈함에 따라 자칫 패배할 수도 있었던 협상국은, 미국의 압도적 물량 공세로 전쟁에 승리할 수 있었어.

1918년, 마침내 독일이 항복을 선언하며 전 유럽을 피로 물들인 1차 세계대전이 끝나게 돼. 전쟁 결과, 패전국 독일은 어마어마한 배상금을 물게 되었고, 오스만제국과 오스트리아-헝가리 제국은 해체되었어.

전쟁 이후 유럽 각국은 전쟁의 참담함에 입을 다물지 못했어. 1차 세계대전으로 약 4,000만 명의 사상자가 발생했고 비옥했던 땅은 전쟁으로 사람이 살기 힘든 곳으로 변했지.

전쟁의 비극을 몸소 경험한 유럽 각국은 전쟁이 다시는 일어나지 않도록 노력했어. 하지만 시대는 이들의 바람을 외면했단다.

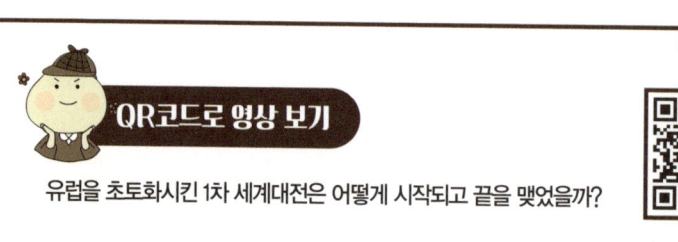

QR코드로 영상 보기

유럽을 초토화시킨 1차 세계대전은 어떻게 시작되고 끝을 맺었을까?

만두 탐정의 아틀리에

1차 세계대전 만화로 한눈에 정리하기

1. 프로이센은 빠르게 힘을 키우며 독일을 통일했어.

2. 통일의 염원을 이룬 독일은 다른 유럽처럼 식민지를 차지하고 싶었지. 그리고 삼국동맹을 만들었어.
   > 삼국동맹을 왜 만들었을까? 흐흐

   이탈리아, 독일, 오스트리아-헝가리

3. 영국과 프랑스, 러시아도 삼국협상을 구성하며 세력의 균형을 맞췄어.

   영국, 프랑스, 러시아

4. 그러던 1914년, 사라예보에서 총성이 울렸어. 황태자 부부가 세르비아 청년에 암살된 거야. 분노한 오스트리아-헝가리는 세르비아에 선전 포고를 했어.

5. 같은 슬라브 민족 국가인 러시아가 세르비아를 지원했고, 독일 또한 자신의 동맹국을 지원하기 위해 러시아에 선전포고를 했어.

6. 서로 맺은 동맹과 협상으로 많은 나라들이 전쟁에 뛰어들며 1차 세계대전이 시작됐어.
   > 협상국이 제시하는 조건이 더 좋아 이탈리아는 협상국으로 갑니다.

7. 독일이 멕시코에 미국을 공격해 달라고 비밀 전보를 보낸 사실이 알려지자, 분노한 미국은 전쟁에 참여하게 됐고, 이후 전세는 빠르게 협상국에 기울었어.

8. 1918년, 마침내 독일이 항복을 선언하며 전 유럽을 피로 물들인 1차 세계대전이 끝이 나.

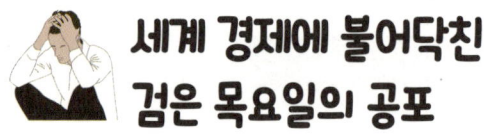
세계 경제에 불어닥친
검은 목요일의 공포

아무 일도 안 하고 돈을 벌 수 있다면 얼마나 좋을까? 단순히 돈을 투자해서 얻는 수익이 하루 내내 열심히 일해서 얻는 소득보다 크다면 어느 누가 열심히 일할까?

1914년부터 1918년까지 일어난 1차 세계대전 동안 미국은 전쟁에 필요한 무기와 물건을 유럽에 대량으로 지원하며 큰돈을 벌게 돼.

그 덕분에 1920년대 미국은 전에 없던 경제 호황을 누리며 세계 경제 대국으로 우뚝 서게 되지.

세계의 자본과 사람이 미국으로 몰리며 미국의 주식과 부동산의 가치가 올라 가게 돼. 주식과 부동산에 투자하기만 하면 큰 이득을 볼 수 있었던 거지. 은행은 가지고 있는 돈의 10배를 빌려주며 투기 시장을 과열시켰어. 이에 따라 쉽게 돈을 벌기 위해 가지고 있는 돈을 모두 주식에 투자하는 사람들이 점점 늘어 났어. 투자 광풍이 불었던 거야.

당시 미국인들은 투자만 하면 큰돈을 벌 수 있다는 잘못된 믿음에 빠져 흥청망청 놀기 시작했어.

▲ 알 카포네가 시카고에 연 배식소 앞에 줄을 선 실업자들
마피아의 대부 알 카포네는 무료로 시카고 시민들에게 커피와 도넛 등을 제공하여 사람들을 놀라게 했어.

무엇인가 분명히 잘못 돌아가고 있었지. 하지만 당시 미국인들은 위기를 체감하지 못했어. 미국 경제가 갑자기 추락할 것이라고는 전혀 생각하지 못했던 거야. 하지만 미국의 경제 위기는 이미 시작되고 있었어.

1차 세계대전이 끝나고 공장에서 대량으로 생산된 물건이 이전만큼 팔리지 않게 되자 공장에 물건들이 점차 쌓여 갔어.

부동산 시장도 시간이 지나며 찾는 사람이 점차 줄었지. 하지만 이러한 상황에도 미국의 주가는 계속 치솟았어. 이후 미국의 주가가 미국의 실제 경제 상황을 반영하지 못한 채 거품으로 이루어졌다는 것을 알게 된 해외 투자자들이 투자금을 빼기 시작해. 이에 상황이 급박하게 돌아가고 있다고 느낀 미국인들도 자신의 주식을 대거 팔면서, 미국의 주가는 하루아침에 믿을 수 없을 만큼 급격히 떨어지게 되지.

1929년 10월 24일, 검은 목요일이 미국을 강타하고 주식이 곤두박질치며 뉴욕 증권거래소는 자신의 주식을 팔겠다는 투자자들의 아우성으로 가득 차게 돼. 경제대공황의 시작이었지.

은행에서 큰돈을 빌려 주식에 투자했던 사람들은 한순간에 빈털터리가 되었어. 주가 폭락의 충격에 스스로 목숨을 끊는 사람도 있었지.

수많은 회사와 은행이 파산하고 거리에는 실업자가 넘치게 돼. 1933년 미국의 실업률은 무려 25퍼센트에 달했지. 일할 수 있는 사람 중 4분의 1이 일이 없었던 거야.

미국인들은 나라의 위기를 해결할 영웅이 오길 기다렸어. 이때 루스벨트가 미국의 32대 대통령으로 취임해. 루스벨트는 미국의 실업 문제를 해결하기 위

▶ **루스벨트**
루스벨트는 미국 역사상 처음이자 마지막으로 4선에 성공한 대통령이야.

해 대규모 국가사업을 벌이는데 이를 '뉴딜 정책'이라고 한단다. 루스벨트는 테네시강 유역에 26개의 대형 댐을 건설하거나 나무를 심게 하는 등의 사업을 벌여 국민을 일하게 했지.

가족과 이웃이 똘똘 뭉쳐 위기를 극복하려고 애썼고 그 결과 미국은 어느 정도 위기에서 벗어나게 돼.

하지만 미국의 경제를 확실히 되살린 것은 이번에도 전쟁이었어.

2차 세계대전의 발발로 미국은 다시 한번 전쟁 물자를 대량으로 생산해 팔 수 있게 되었고, 이를 통해 미국은 경제 위기의 구렁텅이에서 완벽히 빠져나오게 된단다.

만두 탐정의 아틀리에

미국의 경제대공황

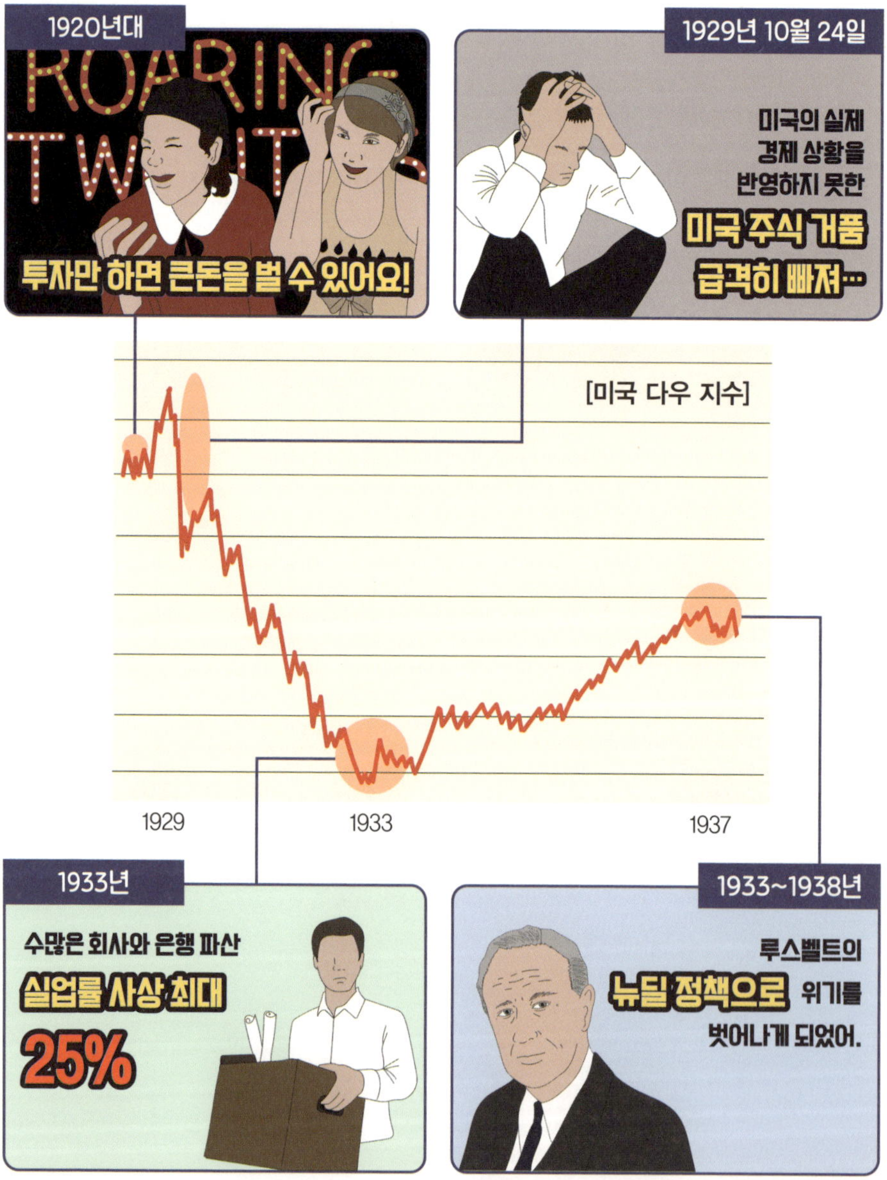

1920년대
투자만 하면 큰돈을 벌 수 있어요!

1929년 10월 24일
미국의 실제 경제 상황을 반영하지 못한 **미국 주식 거품 급격히 빠져…**

[미국 다우 지수]

1929　　1933　　1937

1933년
수많은 회사와 은행 파산
실업률 사상 최대 25%

1933~1938년
루스벨트의 **뉴딜 정책으로** 위기를 벗어나게 되었어.

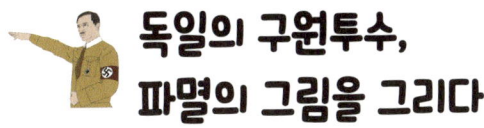
독일의 구원투수, 파멸의 그림을 그리다

1919년 베르사유에서 1차 세계대전을 마무리 짓기 위해 승전국과 패전국이 한자리에 모였어. 이 자리에서 승전국들은 패전국 중에서도 가장 강력했던 독일을 전쟁의 원흉으로 몰아 패전에 대한 책임을 물게 했는데 이것이 '베르사유 조약'이야.

독일은 전쟁에서 패한 대가를 호되게 치러야 했지. 독일은 당시 독일의 국민총생산 기준 2년에 달하는 1,320억 마르크를 전쟁 배상금으로 물어야 했고, 승전국에 영토와 식민지까지 빼앗겼지.

여기서 끝이 아니었어. 승전국은 독일이 전쟁을 더 치르지 못하도록 조약을 통해 독일군의 수를 10만으로 제한해 버려. 베르사유 조약으로 독일의 손발이 꽁꽁 묶여 버린 거야. 독일인은 절망하고 분노했지. 그들에게는 희망이 보이지 않았어.

산업시설 파괴와 막대한 배상금으로 위태위태하던 독일의 경제는 경제 대공황까지 겪으며 파탄 지경에 이르게 돼. 독일 화폐의 가치는 급격히 떨어져 화폐가 휴지보다 못한 꼴이 되어 버리지.

271

수도 베를린은 배고픔과 생활고에 지친 시민들의 원망 가득한 목소리로 가득했어. 그 어떤 희망도 보이지 않던 독일, 혼란만 가득했던 그곳에서 한때 화가를 지망하던 한 인물이 등장해. 그는 아돌프 히틀러였어.

세력이 약했던 히틀러의 나치당은 1차 세계대전 패배 후 좌절감에 빠져 있던 자국민을 향해 독일인이 최고라고 말하며 민족적 자존심을 일깨웠어. 또한 독일이 1차 세계대전을 치르는 동안 유대인은 뒤에서 이득을 챙겼다고 선동하며 유대인에 대한 혐오를 부추겼지.

탐정의 비밀 노트

☑ **유대인**
오늘날 이스라엘에 사는 사람들로, 당시 나라를 잃고 유럽 전역에 흩어져 살고 있었어. 그들은 자신들을 유일하게 선택받은 민족이라고 생각하여 크리스트교를 믿는 유럽인들에게 미움을 받고 있었지.

▶ **히틀러**
히틀러는 '하일 히틀러(히틀러 만세)'를 외치며 오른 팔을 들어 올리는 동작을 독일의 인사 방법으로 공식화시키고 자신을 신격화했어.

전쟁 패배 후, 분노를 표출할 대상을 찾고 있던 독일인은 나치당의 선동에 속아 유대인이 운영하는 가게를 부수고 약탈했어. 나치당은 강력한 민족주의를 바탕으로 순식간에 독일 내 제1당의 자리를 차지하게 되고 히틀러는 독재 체제를 수립하며 독일의 모든 권력을 장악하게 되지.

이후 히틀러는 독일에 불리한 베르사유 조약을 깡그리 무시하고 재무장을 지시했어. 그리고 독일인은 그런 히틀러를 맹목적으로 지지했지.

하지만 영국과 프랑스는 이러한 독일의 움직임에 경계할 뿐 특별한 움직임을 보이지 않았어. 영국과 프랑스가 조약을 어긴 것에 특별한 항의를 하지 않는다는 것을 확인한 히틀러는 더 과감하게 행동했어.

히틀러는 자신의 고향이자 독일과 같은 언어를 쓰는 오스트리아를 합병한 데 이어 독일계 주민이 많이 살고 있는 주데텐란트 지역을 넘기라고 체코에 요구했어. 체코는 독일군을 상대할 힘이 없었어. 히틀러의 야욕을 꺾기 위해서는 영국, 프랑스, 미국 등이 나서야 했지.

하지만 영국, 프랑스, 미국 등은 독일과의 직접적인 충돌을 피하고 싶었어. 전쟁을 치를 여력이 없었기 때문이야. 영국은 식민지 곳곳에서 발생하는 봉기를 막기에 급급한 상황이었고 미국과 프랑스 등은 경제대공황을 겪고 있었지.

끔찍한 전쟁을 반복하고 싶지 않았던 영국, 프랑스 등은 독일의 강경한 태도에 한 걸음 물러서게 돼. 더 이상의 영토 확장은 없을 것이라는 독일의 약조를 믿고 독일이 체코의 주데텐란트 지역을 차지하는 데 동의한 거

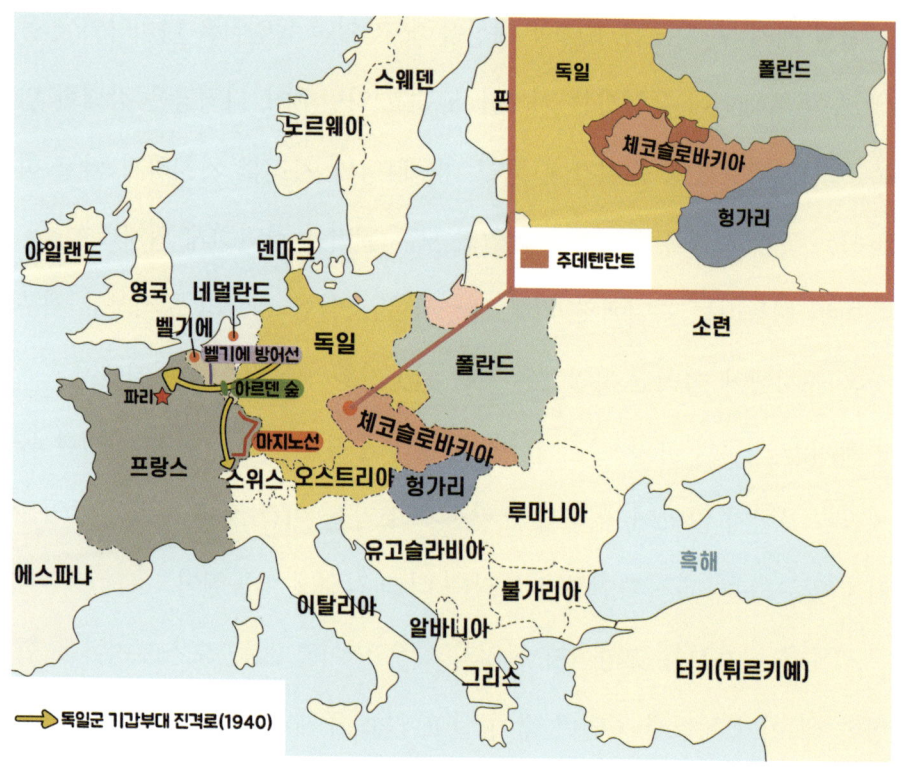

▲ **주데텐란트와 마지노선**
체코슬로바키아는 주데텐란트 지역의 산업시설과 독일 방어를
위해 만든 요새를 독일에 모두 빼앗겨 버려.

야. 이 협정으로 체코는 하루아침에 핵심 산업 지역을 독일에 빼앗기게 된단다.

영국과 프랑스는 독일과 맺은 협정으로 평화를 지켰다고 생각했어. 하지만 그건 큰 착각이었지. 독일은 소련과 불가침 조약을 비밀리에 맺고 폴란드마저 침공하였어.

이런 독일의 행태를 더 두고 볼 수 없었던 영국과 프랑스는 1939년, 독일에 선전포고했어. 하지만 영국과 프랑스는 독일과의 전면전을 우려해 전쟁에 본격적으로 참전하지 않았어. 결국 폴란드는 외로이 홀로 싸우다 끝내 독일과 소련에 점령당했지.

동부 전선을 정리한 히틀러는 군사를 돌려 프랑스 침공도 준비했어. 이에 프랑스는 독일과의 경계선에 마지노선을 완성하여 독일군의 침략에 대비하였어. 하지만 독일군은 이를 비웃듯 벨기에의 아르덴 숲으로 기갑부대를 침투시켜 프랑스의 방어선을 뚫어 버리지. 엄청난 속도로 진격한 독일군은 어느새 파리까지 점령하게 돼.

유럽 대부분의 지역을 차지한 독일에 영국은 유일한 걸림돌이었어. 세계 최강의 해군 전력을 보유한 영국과 해군으로 맞설 수 없었던 독일은 공군을 투입하여 영국을 제압하려 했어.

하지만 영국은 당시 총리였던 처칠을 중심으로 전 국민이 똘똘 뭉쳐 독일의 공격에 대항하였지. 계속된 공격에도 영국이 항복하지 않고 필사적으로 맞서자 결국 독일은 더 이상의 침공은 의미가 없다고 판단하고 영국 침공을 포기하게 돼.

영국을 꺾는 데 실패한 독일의 다음 목표물은 다름 아닌 소련이었어. 이상하지 않아? 독일은 소련과 서로 침범하지 말자는 불가침 조약을 맺었는데 말이야.

사실 두 나라는 민족적으로나 사상적으로나 맞는 것이 하나도 없었어.

◀ 스탈린(좌)과 리벤트로프(우)
사진과는 달리 실제 독소불가침 조약은 스탈린이 아닌 소련의 외무장관인 몰로토프가 독일의 외무장관인 리벤트로프와 체결하였어.

독소불가침 조약으로 불안하게 유지되던 두 나라의 관계는 소련을 향한 독일의 선제공격으로 돌아올 수 없는 강을 건너게 돼.

2차 세계대전의 판도를 크게 바꾼 전쟁의 시작이었지.

QR코드로 영상 보기

인류 최대의 대재앙, 2차 세계대전과 히틀러를 알아볼까?

만두 탐정의 아틀리에

히틀러의 생각 지도 만들기

✅ **HINT** 영국, 주데텐란트, 소련, 파리

우리는 독일 국민이 다른 국민보다 훌륭히 해낼 수 있다는 것을 증명했지. 민족 중 아리아인이 최고란 소리일세.

독일이 1차 세계대전을 치르는 동안 유대인은 뒤에서 이득을 챙겼소.

오스트리아를 합병한 후, 체코에도 _____ 지역을 넘기라고 요구했지.

_____과 불가침 조약을 비밀리에 맺고, 폴란드마저 침공했지.

프랑스의 방어선을 뚫고, 엄청난 속도로 진격하여 어느새 _____까지 점령했지.

_____을 꺾는 데 실패했군. 안 되겠다. 다음 목표는 소련이다!

정답: (시계 방향으로) 주데텐란트, 소련, 영국, 파리, 오스트리아

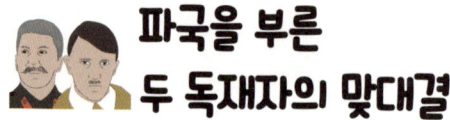
파국을 부른 두 독재자의 맞대결

　신출귀몰한 전략으로 실패라고는 모른 채 거침없이 나아가던 나폴레옹. 그런 그의 발목을 잡는 일이 있었으니 바로 러시아 침공이었어. 러시아 침공으로 전멸에 가까운 패배를 당한 나폴레옹은 한순간에 몰락하게 돼.

　시간이 흘러 나폴레옹의 실수를 그대로 반복하는 자가 나타났으니 바로 히틀러였어.

　1941년 6월, 히틀러의 지시를 받은 독일군은 선전포고 없이 소련을 공격했어. 소련의 독재자, 스탈린은 히틀러가 소련을 침공하지 않을 것이라고 철석같이 믿고 아무런 대비를 하지 않고 있었지.

　스탈린은 독일이 소련을 침공하리라 생각지 못했던 걸까? 아니야. 스탈린은 첩자를 통해 독일 침공에 대한 소식을 여러 차례 들었어.

　하지만 스탈린은 독일 침공에 대한 경고를 깡그리 무시했고 그 대가는 엄청났어. 독일군 약 300만 명이 소련을 공격하자 소련군은 처참히 무너졌어.

　그런데 여기서 잠깐. 독일과 소련은 불가침 조약을 맺었는데 왜 히틀러는 소련을 공격하라고 명령했을까?

독일과 소련은 애당초 서로를 같은 편이라고 생각하지 않았어. 히틀러는 소련을 영국, 프랑스와 같이 언젠가는 공격해야 할 적으로 생각했지. 그러던 차에 히틀러에게 다음과 같은 소식이 전해졌어.

'레닌에 이어 소련의 최고지도자가 된 스탈린이 불안한 자신의 권력을 안정시키기 위해 자신에게 위협이 되는 인물들을 대거 제거했다. 스탈린이 제거한 인물 중에는 소련의 유능한 지휘관들이 상당수 포함되어 있었는데, 사라진 지휘관들의 자리가 무능한 지휘관들로 대체되어 현재 소련군의 전력이 급격히 약해진 상태다.'

이 소식을 접한 히틀러는 지금이 소련을 공격하기에 최적의 시기라 판단했어. 이 시기를 놓친다면 나중에는 훨씬 강한 소련을 상대해야 한다고 히틀러는 생각한 거지.

소련과 달리 당시 독일에는 유능한 지휘관들이 많았고 병사들 또한 여러 전쟁으로 실전 경험을 많이 쌓은 상태였지. 히틀러는 독일의 승리를 의심하지 않았어.

실제 전쟁은 히틀러의 예상대로 독일의 압도적인 우세로 진행되었어. 소련군의 탱크 90퍼센트와 800대 이상의 전투기가 처참히 파괴되었지. 그런데 어찌 된 일인지 시간이 갈수록 전쟁은 소련에 점점 유리하게 흘러가. 도대체 무슨 일이 벌어진 걸까?

소련은 엄청난 병력을 손실하였음에도 독일에 항복하지 않았어. 병사

◀ 라스푸티차 기간 진창에 빠진 독일군
가을과 봄 중에 러시아 일대에 눈이 녹거나 비가 내려 통행이 불편해지는 시기가 있어. 이를 라스푸티차 기간이라고 해.

는 물론 민간인들까지도 끝까지 맞서 싸우겠다는 의지를 불태우며 방어에 몰두하였지.

그로 인해 6월에 시작한 전쟁은 독일군의 예상과 달리 점점 길어지게 돼. 전쟁으로 인한 병사와 물자의 손실은 소련군이 독일군과 비교해 훨씬 컸으나, 소련군은 그 손실을 빠르게 회복했어. 광대한 영토로부터 병사와 물자가 빠르게 공급되었기 때문이야. 그에 비해 독일군은 보급선이 점차 길어지며 물자 보급에 큰 어려움을 겪게 돼.

탄약과 식량은 물론 전차의 연료조차 바닥난 독일군의 진격 속도는 현저히 느려지게 되었어.

하지만 독일군에 이보다 더 큰 위기가 찾아오게 되는데 그건 바로 나폴레옹을 좌절시켰던 러시아의 매서운 강추위였어.

겨울 장비 보급이 제대로 되어 있지 않던 독일은 러시아의 강추위에 속수무책으로 당했어. 많은 수의 독일군이 동상으로 목숨을 잃었지. 추위를 피해 탈영하는 군사도 늘어났어. 방어에 힘을 쓰던 소련군은 이 틈을 놓치지 않았지.

소련은 대대적인 반격을 가하여 독일군을 물리쳤어. 그리고 소련군의 진격은 여기서 멈추지 않고 베를린까지 이어졌어.

한편 미국과 영국을 중심으로 한 연합국은 1944년 6월 6일, 독일로부

▼ 2차 세계대전 전장 지도

터 서유럽을 되찾기 위하여 프랑스의 노르망디 해안에 약 300만 명의 대규모 병력을 상륙시키게 돼. 예상과 다른 곳에 상륙한 연합국에 당황한 독일군은 서부 전선에서도 밀리며 양쪽에서 협공을 받는 처지에 이르게 되지.

결국 소련군이 베를린을 포위하고 공격하자 히틀러는 스스로 목숨을 끊었고, 독일은 1945년 5월 2일 항복을 선언해.

두 독재자가 맞붙은 독소전쟁은 그렇게 스탈린의 승리로 끝이 나. 하지만 소련군도 이번 전쟁으로 만만치 않은 희생을 치르게 돼. 목숨을 잃은 사람만 두 나라를 합쳐 약 3,000만 명이나 되었던 독소전쟁은 2차 세계대전 중 최악의 전쟁으로 꼽혀.

만두 탐정의 아틀리에

히틀러 VS 스탈린

1941년 6월, 나의 지시를 받은 독일군은 소련을 공격했어. 처음엔 독일군의 압도적인 승리였지. 하지만 전쟁이 길어지자 보급품 조달도 어려웠고, 러시아의 강추위까지 찾아왔소. 프랑스까지 위협하는 상황에서 결국 나는 모든 걸 포기했다오.

첩자를 통해 독일 침공에 대한 소식을 여러 차례 들었지만, 히틀러가 진짜 침공할지 몰랐소. 권력을 안정시키기 위해 유능한 지휘관들을 제거했는데 이게 독이 될 줄이야! 하지만 끝까지 싸울까 하오. 봐! 날씨도 우릴 도와준다니까? 승리의 여신은 우리 편이었소.

히틀러   **스탈린**

 # 근대화에 성공한 일본, 폭주하는 기관차가 된 이유는?

1800년대 세계의 중심이라고 일컬어지던 중국이 변방의 작은 섬나라, 영국에 무릎 꿇는 일이 발생하게 돼. 이 일은 동아시아 세계에 큰 충격을 안겨주었지. 일본도 예외는 아니었어.

당시 일본의 왕은 왕이라는 이름만 있을 뿐 할 수 있는 것이 아무것도 없었어. 그럼 누가 일본에서 실질적인 힘을 가지고 있었을까? 고려 무신 정권과 같이 일본에서도 장군들이 실질적인 권력을 행사했는데 이들 중 가장 힘이 센 자를 쇼군이라고 불렀단다.

일본 전역을 신경 쓰기 어려웠던 쇼군은 지방의 영주인 다이묘와 주종 관계를 맺고 다이묘에게 각 지역을 다스리게 했어. 이렇게 봉건주의 체제가 지속되던 일본은 한 사건으로 인해 급격한 변화를 맞이하게 돼.

1853년 미국의 페리 제독이 군함을 끌고 일본에 개항을 요구한 것이 변화의 시작이었어. 미국의 군함에 겁을 먹은 막부는 미국에 무기력하게 굴복하고 항구를 열었는데 이를 계기로 서양의 선진 문물이 일본에 물밀 듯이 들어오기 시작했어. 일본이 우물 안 개구리와 다를 바 없었다는 것을 알게 된 사람들은 막부의 무능함을 비판하며 일본도 서양과 같이 근대화를 추진해야 한다고 주장했지. 그렇게 일본의 근대화는 기존의 봉건주의 체제를 타파하는 것에서 시작되었어.

오랜 기간 유지되던 막부 체제가 무너지고 왕을 중심으로 한 중앙집권 체제가 새롭게 수립되며 일왕은 쇼군에게서 권력을 되찾았어. 권력을 되찾은 일왕은 정치, 경제, 문화 등 전 분야에서 전반적인 개혁을 추진하였고, 꾸준히 개혁에 집중한 결과 일본은 아시아에서 유일하게 근대화에 성공한 나라가 되었어.

이 시기에 일어난 전체적인 일본의 변화 과정을 당시 일왕의 이름을 따서 '메이지 유신'이라고 한단다.

국토 곳곳에 도로가 깔리고 공장이 들어서며 교통과 산업 등이 발달하게 된 일본은 서양의 군사제도까지 그대로 받아들이며 군사력 또한 키우게 돼. 강력한 군대로 재탄생한 일본군은

▶ 메이지 일왕
대규모 사절단을 서양에 보내며 빠르게 서양의 문물을 받아들이려 했어.
사절단에는 우리에게도 잘 알려진 이토 히로부미가 있었지.

서양 열강을 따라 이웃 나라까지 공격하게 돼. 일본은 당시 상대적으로 체급이 크다고 평가받던 청나라(1894), 러시아(1904)에 연이어 승리하며 전 세계를 놀라게 했지. 거칠 것 없던 일본은 이후 조선을 힘으로 차지하기도 했어.

그러던 일본에 큰 시련이 닥쳐 와. 1923년 관동지역에서 대지진이 발생한 거야. 최대 진도 7.9에 달하는 지진의 여파로 10만 명 이상의 사람이 목숨을 잃고 상당수의 건물이 파괴되었지.

여기에 1929년 미국에서 시작된 경제대공황으로 경제까지 큰 타격을 입자 일본은 급격한 추락을 맞이하게 돼. 이러한 위기에서 일본이 해결책으로 떠올린 것은 무엇일까? 일본은 전쟁을 통해 손쉽게 얻은 달콤한 보상을 떠올렸어. 그리고 전쟁만이 모든 것을 해결해 줄 수 있을 것이라는 무시무시한 생각을 하게 되지.

만주를 점령한 일본은 1937년 중일전쟁을 일으키고 이후 동남아시아까지 침략하게 돼. 태평양 일대까지 뻗친 일본의 검은 야욕을 가만히 앉아 볼 수 없었던 미국은 일본에 강력한 제재를 가했어. 전쟁 장비 운용에 꼭 필요한 석유가 일본에 들어가지 못하도록 조치한 거였지. 미국에 대한 자원 의존도가 높았던 일본은 엄청난 타격을 입고 후에 그들에게 큰 재앙이 될 결정을 내리게 돼.

1941년 12월 7일, 일본은 진주만에 정박해 있던 미국의 태평양 함대를 기습했어. 일본의 진주만 공습으로 엄청난 사상자와 손실을 본 미국은 분노하여 즉시 일본에 선전포고했고, 이러한 미국의 결정에 일본과 동맹을

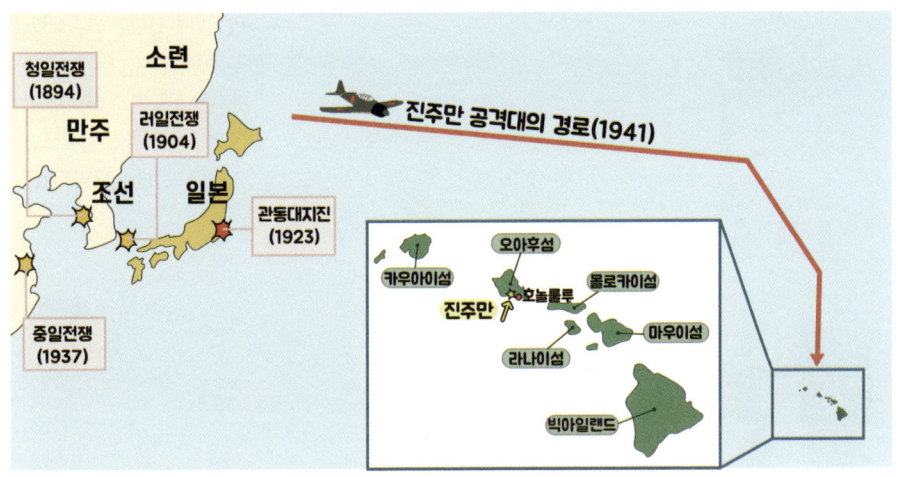

▲ 일본이 벌인 전쟁과 진주만 공습
진주만 기습에 이어 동남아시아까지 영향력을 넓힌 일본은 막대한 자원을 얻게 돼.

맺고 있던 독일과 이탈리아 또한 미국에 선전포고하게 되지.

이전까지 영국에 군수물자만을 지원하며 전쟁에 직접적으로 참여하지 않던 미국은, 미드웨이 해전에서 일본에 크게 승리하며 진주만 공습에 대한 복수에 성공하게 돼.

이후 미국은 막대한 자본을 바탕으로 쉴 새 없이 전투함과 전투기 등을 생산하여 전쟁에 투입하였어. 그 결과 압도적인 전력의 미국은 일본에 연전연승하며 태평양의 주요 군사적 요충지들을 차지하게 돼.

이후 일본의 동맹국이었던 이탈리아가 1943년 9월 연합국에 항복한 데 이어 1945년 5월 독일까지 연합국에 항복하자, 미국은 모든 전력을 일본에 집중하며 일본에 대한 최후 공격을 준비했어. 이러한 상황에도 일본

◀ 이오지마를 점령한 미국 해병대
이오지마는 아무것도 없는 섬이었어.
하지만 미국에게 이오지마는
일본 본토 공격을 노릴 수 있는
전략적 요충지였지.

이 끝까지 항복하지 않고 버티자 미국은 인류 역사상 최악의 무기를 사용하게 돼. 일본의 히로시마와 나가사키에 원자폭탄을 떨어뜨린 거야.

이로 인해 큰 피해를 본 일본은 소련군까지 북쪽에서 기습하자 1945년 8월 15일, 마침내 항복을 선언하게 된단다.

▶ 히로히토 일왕
패망 후 일왕은 인간 선언을 해.
일왕을 신으로 모셔 온 일본 국민에게
일왕의 선언은 충격이었지.

만두 탐정의 아틀리에

태평양전쟁 보고서

☑ **HINT** 진주만, 영구히 포기, 석유, 미드웨이

원인	일본이 중국에 이어 동남아시아 일대까지 침략하자 미국은 일본에 동남아시아에서 철수할 것을 요구했다. 그리고 일본에 _____ 수출을 금지한다. 1941년 12월 7일, 일본이 _____ 에 정박해 있던 미 태평양 함대를 기습 공격하여 태평양전쟁이 시작되었다.
과정	미국 루스벨트 대통령은 일본에 즉시 선전 포고했다. _____ 해전에서 일본에 크게 승리하여 미국은 진주만 습격에 대한 복수에 성공한다. 미국이 태평양 일대를 장악한 데 이어 일본 본토까지 공격하자 1945년 8월 15일, 일본은 결국 항복을 선언했다.
결과	일본은 미 군정의 통치를 받게 되었다. 전쟁이 끝나고 일본은 전쟁과 무력행사를 _____ 하는 내용의 헌법을 제정하게 된다.

9부

어떤 체제가 우수한가?
이념의 시대 그리고 그 이후

■ A.D. 1905년
피의 일요일 사건

■ A.D. 1946년
중국 2차 국공내전 발발

A.D. 1900 — A.D. 1950

■ A.D. 1922년
소비에트 사회주의 공화국 수립

■ A.D. 1949년
중화인민공화국 수립

다양한 사람들이 사는 만큼 다양한 생각들이 존재해. 하지만 사람들은 종종 자신이 믿는 것만이 옳다는 생각에 빠지지. 그래서 자신과 다른 생각을 가진 자들을 배척하거나 그들과 대립하기도 해. 이제는 평화와 공존을 위해 함께 노력할 때야. 역사에서 우리는 어떤 교훈을 얻을 수 있을까?

WE ARE THE ONE

- A.D. 1957년 소련 스푸트니크호 발사
- A.D. 2001년 미국 9.11테러

A.D. 1950 — A.D. 2000 — 현재

- A.D. 1991년 소련 붕괴
- A.D. 2015년 파리협정 체결

# 새로운 체제의 탄생, 러시아 혁명을 완성한 레닌

현재 한반도는 안타깝게도 두 국가로 나뉘어 있어. 남한과 다르게 북한은 사회주의 체제를 갖추고 있지. 사회주의란 도대체 무엇일까? 그리고 사회주의는 어디에서 가장 먼저 시작되었을까?

1904년에 일어난 러일전쟁은 러시아 경제에 큰 타격을 주었어. 전쟁으로 인한 경제 침체로 러시아 내에서 실업과 임금 저하 등의 문제가 발생했고 러시아의 저임금 노동자들은 생활고에 시달리게 되지.

노동자들의 고통스러운 현실을 황제에게 직접 전하기 위해 상트페테르부르크의 러시아 노동자 15만 명은 황제가 머무는 상트페테르부트크의 겨울 궁전으로 향하게 돼.

1905년 1월 22일 일요일, 15만 명에 달하는 노동자들은 그들의 황제인 니콜라이 2세가 그들의 요청을 들어줄 것이라 기대하며 평화적으로 행진을 이어 나갔지.

하지만 그들이 마주한 것은 황제가 아닌 황제의 무장 군대였어. 무장한 군대는 평화 시위를 벌이고 있는 시위대를 향해 총격을 가했어. 이로 인해 약 4,000명의 사상자가 발생해. 일요일에 일어난 이 충격적인 사건을 '피의 일요일 사건'이라고 부른단다.

이 사건으로 황제를 아버지처럼 믿고 따르던 러시아 민중이 황제에게 완전히 돌아서게 돼. 이후 수많은 노동자들이 파업에 동참해 황제에게 자리에서 내려올 것을 요구했어.

하지만 황제는 그들의 요구를 묵살하고 자신에 대항하는 자들을 처벌하였어. 처벌 이후

▲ 피의 일요일 사건
가폰 신부(사진 아래쪽 검은색 옷)를 사람들이 따르고 있어. 그 앞에 러시아 군대도 보여.

시위는 잦아들었을까? 아니야. 시위는 러시아 전역에서 계속 일어났고, 이로 인해 러시아 전체가 혼란에 휩싸이게 돼. 그런데 나라가 이렇게 혼란스러운 와중에 무슨 생각인지 니콜라이 2세는 1차 세계대전에 참전하겠다고 선언해.

가뜩이나 먹고살기 힘들었던 러시아 민중은 전쟁까지 치르겠다는 황제의 결정에 분노했지. 전쟁의 결과가 좋았던 것도 아니었어. 러시아는 러일 전쟁 때와 마찬가지로 1차 세계대전에서도 연거푸 패전을 거듭하며 제국

◀ 상트페테르부르크와 모스크바의 위치
상트페테르부르크는 당시 러시아제국의 수도였어. 이후 다른 이름으로 불리다가 다시 원래의 이름을 찾게 돼.

의 무능함을 만천하에 알렸지.

1차 세계대전이 예상과 다르게 점차 길어지며 전쟁 물자를 보급하느라 자국 내 식량이 동나게 되었고, 이에 따라 굶주림에 시달리는 민중이 늘어나자 사람들은 빵을 달라며 황제에게 애원했어. 하지만 황제는 민중의 고통을 철저히 외면했지. 마침내 견디다 못한 민중은 '전쟁 반대', '황제 퇴위' 등을 외치며 1917년 2월 26일 거리로 쏟아져 나와 혁명을 일으켰어.

민중에 이어 군인들까지 혁명에 가세하자 니콜라이 2세는 결국 모든 권력을 포기하고 황제의 자리에서 스스로 물러나게 돼.

◀ 니콜라이 2세
러시아제국의 마지막 황제야.

니콜라이 2세 이후 새롭게 들어선 임시정부는 민중의 목소리에 귀 기울였을까? 안타깝게도 새로 들어선 임시정부 또한 민중의 바람과 달리 전쟁을 이어 나가려 했어. 임시정부의 이러한 결정에 실망한 러시아 민중은 레닌이 이끄는 볼셰비키 당을 지지하게 되었지.

1917년 10월, 레닌과 볼셰비키 당은 러시아의 모든 정권을 장악하고 1차 세계대전에서 발을 빼. 전쟁이 끝났다는 소식에 민중은 환호했고 레닌은 여기서 멈추지 않고 러시아 내 모든 신분제를 없애 버렸단다. 러시아 내 모든 사람이 평등해진 거야.

하지만 이러한 변화를 모두가 좋아할 리 없었어. 기존에 자신이 누리던 권력과 재산을 모두 빼앗긴 귀족과 자본주의 세력은 혁명 이전의 체제로 돌아가겠다는 목표 아래 똘똘 뭉치며 러시아에 또 한 번 큰 폭풍을 불러 일으켰어. 노동자를 중심으로 한 볼셰비키 당 세력과, 귀족·자본가 등이 중심이 된 반혁명 세력 중 민중은 과연 누구의

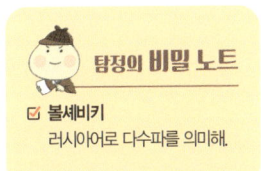

탐정의 비밀 노트

☑ 볼셰비키
러시아어로 다수파를 의미해.

◀ 레닌
러시아인에게 오늘날까지 존경받고 있어.
현재 레닌의 시신은 미라로 보존 중이야.

손을 들어 주었을까?

　민중은 비참했던 그들의 과거를 기억하고 있었고, 그것을 반복하고 싶어 하지 않았어. 새로운 변화를 원했던 민중은 볼셰비키 당을 지지했고 그 결과 내전은 레닌이 이끄는 볼셰비키 당의 승리로 끝이 나게 돼. 그리고 1922년 마침내 세계 최초의 사회주의 국가, 소비에트사회주의공화국연방(소련)이 수립된단다.

만두 탐정의 아틀리에

소련이 수립되기까지

☑ HINT 러일전쟁, 1차 세계대전, 소련

1945년 2월 러일전쟁 시작

1904년에 일어난 _____은 러시아 경제에 큰 타격을 주었어.

1905년 1월 22일

자신들의 고통스러운 현실을 황제에게 전하기 위해 노동자들은 황제가 머무는 상트페테르부르크의 겨울 궁전으로 향했어. 그러나 무장한 군대가 평화 시위를 벌이는 시위대를 향해 총격을 가했어.

이러한 와중에 니콜라이 2세는 _____ 참전을 선언해.

1917년 2월 26일

레닌과 볼셰비키 당은 러시아의 모든 정권을 장악하고 1차 세계대전에서 발을 뺐어.

1922년

1922년 마침내 세계 최초의 사회주의 국가, _____이 수립되었어.

천안문 광장에 걸린 초상화의 주인공은?

우리나라 광화문 광장에는 세종대왕과 이순신 장군의 동상이 있어. 우리나라를 빛낸 위대한 인물이지. 베이징의 천안문 광장에도 한 인물의 초상화가 걸려 있어. 누구의 초상화일까? 어떤 업적을 이루었기에 그의 초상화가 현재까지도 천안문 광장에 걸려 있는 것일까?

1912년 청나라 멸망 이후, 권력을 탐낸 군사 지휘관들이 각 지역에서 일어났어. 다시 한번 중국이 분열된 거야. 이 중 장제스의 국민당은 여러 개로 난립한 군벌들을 통합하고 마오쩌둥의 공산당과 대립하게 돼. 군벌

◀ **천안문 광장에 걸린 마오쩌둥 초상화**
마오쩌둥의 초상화는 천안문 광장뿐 아니라 중국 화폐에서도 볼 수 있어.

과 일본에 대항하기 위해 두 세력이 일시적으로 힘을 합칠 때도 있었지만 두 세력은 끝내 하나가 될 수 없었지.

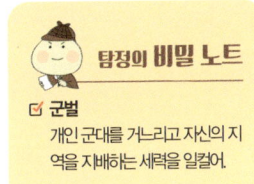

군벌
개인 군대를 거느리고 자신의 지역을 지배하는 세력을 일컬어.

사실 초기 공산당의 세력은 크지 않았어. 국민당과 비교조차 할 수 없을 정도였지.

하지만 1937년 중일전쟁이 터지면서 공산당은 세력을 크게 확장할 기회를 얻게 돼. 공산당은 국민당이 일본군에 맞서 열심히 싸우고 있을 때 농촌을 중심으로 자신들의 세력을 넓히고 군대를 양성하였어.

1940년 화베이 지역에서 일본군과 싸웠던 백단대전을 제외하고, 공산당은 전력 손실이 예상되는 일본군과의 전투는 최대한 피하면서 세력을 키웠어.

그렇다고 공산당과 국민당의 전력상 우위가 뒤바뀐 것은 아니었지.

일본이 패망한 1945년, 국민당군이 430만 명의 병사를 지닌 데 비해

◀ 장제스(국민당)
공산당과의 내전에서 밀려 대만으로 가게 돼.

공산군은 120만 명의 병사를 지니고 있었어. 물론 국민당군이 병사 수에서만 공산군을 압도한 것이 아니었어. 공산군이 일본군이 버리고 간 무기로 무장하고 있을 때, 국민당군은 미국에 최신식의 무기들을 지원받고 있었지.

이러한 상황에서 공산군의 승리를 점치는 사람은 당연히 많지 않았어. 모두가 국민당군이 공산군을 상대로 손쉽게 승리하리라 생각했으나, 1946년에 벌어진 내전은 모두의 예상과는 다르게 흘러갔어.

공산당은 민심의 중요성을 잘 알고 있었어. 그래서 공산당은 민심을 잡는 데 집중했지. 그들은 지주들의 땅을 빼앗아 가난한 농민들에게 나누어 주며 사람들의 마음을 샀고, 그 덕분에 공산당을 지지하고 따르는 사람들의 숫자가 점차 늘어나게 돼.

그에 반해 국민당은 사람들에게 자신들이 지배자인 마냥 행동했어. 거기에 국민당군은 미국에 지원받은 무기를 공산군에 돈을 받고

▶ 마오쩌둥(공산당)
국민당과 비교하여
전력이 열세였던 공산당은
농민의 지지를 얻어 중국을 차지하게 돼.

팔아넘길 정도로 부패하기까지 했지. 이에 중국 사람들의 마음은 공산당 쪽으로 점차 향하게 돼.

1948년, 공산군이 만주에서 국민당군을 격파한 것을 시작으로 전쟁 분위기도 공산군 쪽으로 넘어가게 돼. 공산군의 대역전이 이루어진 거야. 결국 모든 전투력을 상실한 국민당의 장제스가 대만으로 탈출하며 공산당의 마오쩌둥은 중국 전체를 장악하는 데 성공하게 된단다.

1949년 중화인민공화국을 수립하고 초대 주석의 자리에 오른 마오쩌둥. 그의 모습은 초상화로 오늘날까지 천안문 광장에 걸려 있단다.

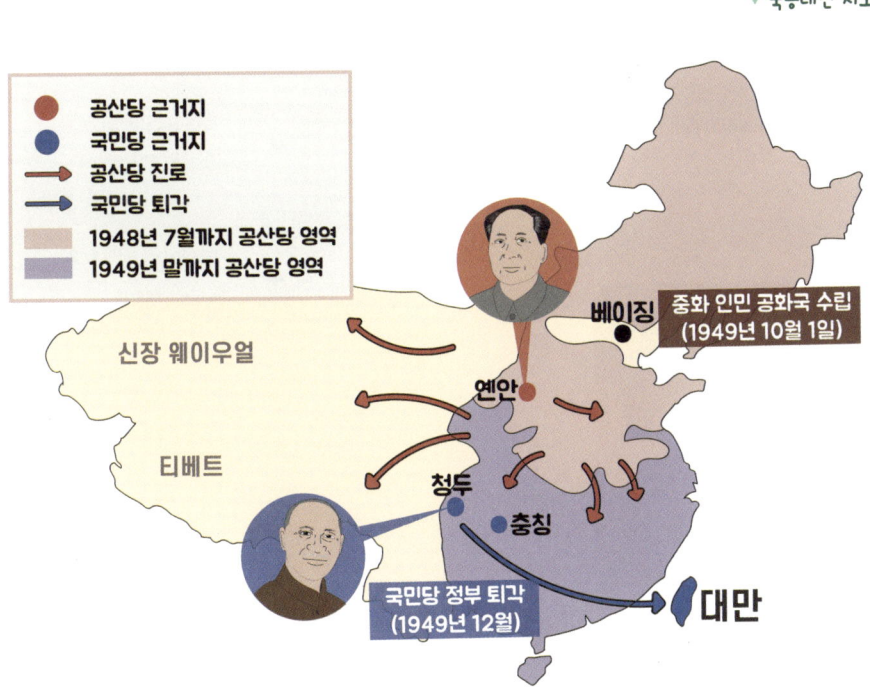

▼ 국공내전 지도

만두 탐정의 아틀리에

관련있는 것들을 선으로 연결해 줘

장제스

- 국민당
- 공산당
- 1945년, 병사수에서 상대당을 압도했어.
- 미국으로부터 무기를 지원받았어.
- 일본군이 버리고 간 무기로 무장했어.
- 민심의 중요성을 잘 알고 있었어.
- 내부적으로 부정부패가 심했어.
- 대만으로 정부가 퇴각하였어.
- 1949년 중화인민공화국 수립 후, 초대 수석의 자리에 올랐어.

마오쩌둥

정답: (장제스) 국민당, 1945년, 미국, 내부적으로 대만 (마오쩌둥) 공산당, 일본, 민심, 1949년

너한테는 안 진다!
미국과 소련의 무한경쟁

누군가와 다투고 오랜 기간 그 사람과 거리를 두고 지낸 적 있니?

같은 생활 공간에서 그 사람과 계속 마주친다면 어떤 마음이 들까? 답답하고 불편하지 않을까? 이러한 상황을 우리는 흔히 냉전 상태에 있다고 말해.

냉전이 뭔데 그런 상황에 사용하냐고? 냉전은 2차 세계대전 이후 자본주의 진영과 사회주의 진영 간의 대립을 뜻해.

2차 세계대전에서 한 편이었던 미국과 소련은 전쟁 후, 각기 다른 체제의 대표 국가가 되어 대립했어.

소련의 수도 모스크바 일대는 대평원으로 적의 침입을 막을 수 있는 자연적 장애물이 없었어. 나폴레옹의 프랑스군과 히틀러의 독일군이 모스크바로 쉽게 진격할 수 있었던 이유였지.

더 이상의 침공을 허용할 수 없었던 소련은 동독, 폴란드, 헝가리 등의 동유럽 국가들을 자신의 세력으로 끌어들여 방어선을 구축했어. 이를 철의 장막이라고 해.

▲ 철의 장막
공산 국가의 폐쇄성을 풍자한 표현이야.

이에 미국과 서유럽의 국가들은 북대서양조약기구(NATO)를 창설하여 소련의 확장을 저지하는 데 힘썼단다.

미국과 소련은 자신들의 체제가 우수하다는 것을 증명하기 위해 모든 부분에서 끊임없이 경쟁했지.

1957년 소련이 세계 최초로 우주에 스푸트니크호를 발사하는 데 성공하자 미국은 큰 충격을 받았어. 이 사건이 의미하는 바가 컸기 때문이야. 우주에 인공위성을 발사했다는 것은 미국 본토로 핵을 장착한 미사일을 발사할 수 있다는 것을 의미했지.

공포에 휩싸인 미국은 이 일로 백년대계라고 하는 학교 교육과정을 경힘 중심에서 학문 중심으로 한순간에 바꾸어 버려. 그리고 미국은 소련과의 우주 경쟁을 위해 1958년 미 항공우주국(NASA)을 창설하고 우주 탐사를 진행하였지.

이렇게 무력 충돌 없이 진행되던 미국과 소련의 대립은 1962년, 일촉즉발의 상황을 맞이하게 돼. 소련이 미국 아래 쿠바에 미사일 기지를 설치하려고 한 거야. 미국이 자신들의 영토 아래 위치한 튀르키예에 미사일을 배치한 것에 대한 소련의 보복이었지. 3차 세계대전의 먹구름이 점차 드리워졌어. 강력한 군사력을 가진 두 나라가 맞붙는다면 막대한 피해가 발생할 것이 불 보듯 뻔했지. 하지만 다행스럽게도 소련이 먼저 발을 빼며 미국과 소련의 무력 충돌은 발생하지 않았어.

그러다 1991년, 최초의 사회주의 연방 국가였던 소련이 갑작스레 붕괴되는 일이 일어나. 이 소식에 세계는 경악했어. 그 충격이 어느 정도였는지 오늘날 상황으로 바꾸어 생각해 보자. 소련과 세계의 패권을 양분하던 미국은 소련이 사라진 오늘날에는 세계 최강대국의 위치에 자리하고 있어. 그런데 이런 미국이 하루아침에 망한다? 그 충격이 상상할 수 없을 정도겠지?

하지만 사실 소련의 붕괴는 예상된 것이었어. 소련은 자본주의 국가들과 다르게 국가가 모든 것을 소유하고 배분했어.

그러니 다른 사람보다 열심히 일한다고 해서 성공할 수 없었지. 사람들은 그저 자기에게 맡겨진 일을 적당히 하기만 하면 되었어. 그리고 이는 큰 문제를 낳게 돼.

  자본주의 사회에서는 한 푼이라도 더 벌기 위해 사람들이 여러 노력을 해. 물건의 품질을 개선하거나 다양한 서비스를 하는 등 말이야. 소비자의 선택을 받기 위한 여러 노력 덕분에 우수한 품질의 물건들이 시장에 쏟아져 나오고 그 덕분에 자본주의 사회의 소비자들은 다양한 물건을 선택할 수 있게 되었지.

  반면 소비자의 필요와 관계없이 일정량만 생산되는 소련의 물건은 자본주의 국가에서 생산되는 물건의 품질을 따라가지 못했어. 상품의 수 또한 턱없이 부족하여 소련 사람들은 물건이 언제 없어질지 모른다는 불안감에 시달리며 상점 앞에서 항상 기나긴 줄을 서야 했지.

  침체기에 들어간 소련의 경제는 소련이 불필요한 전쟁까지 참여하며 심

◀ **서기장 고르바초프**
서기장이란 사회주의 국가에서
최고지도자를 부르는 말이야.

◀ 핵탄두 중거리, 단거리 미사일 폐지 서명
당시 70대의 레이건 대통령과 50대의 고르바초프 서기장이 서명하고 있어.

각한 상태에 이르게 돼. 소련이 이러한 지경에 이르자 사회주의 국가들은 소련의 영향권에서 벗어나려는 운동을 벌였어. 결국 소련의 서기장 고르바초프가 공산당 해체를 선언하며 동유럽 국가들은 민주화를, 소련 내 공화국들은 우즈베키스탄, 카자흐스탄, 우크라이나 등으로 독립을 맞이하게 된단다.

사회주의는 비인간적인 노동환경과 빈부격차와 같은 자본주의의 부작용에 대한 대안으로 등장했어. 하지만 그 한계를 여실히 드러내며 사회주의는 자본주의와의 대결에서 패배하게 돼.

만두 탐정의 아틀리에

냉전체제 세 컷으로 한눈에 보기

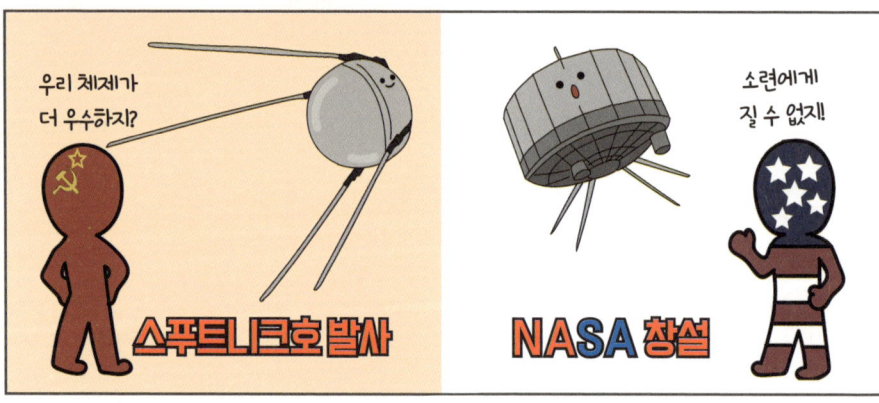

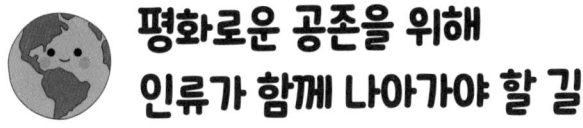
평화로운 공존을 위해 인류가 함께 나아가야 할 길

태초의 인류는 생존을 위한 처절한 싸움을 하였어. 인간은 거대한 자연에 맞서기 위해 다른 사람과 힘을 합쳐 자신에게 닥친 여러 문제를 해결해 나갔지. 그런 과정에서 인간은 혼자가 아닌 집단을 이루며 살게 되었어. 그렇게 여러 지역에서 발생한 집단은 자신들만의 역사와 문화, 종교 등을 발전시키며 살아갔어.

하지만 집단이 형성되고 그 규모가 커지며 세상에는 갈등이 만연하게 돼. 서로 다른 집단의 역사와 문화 그리고 종교 등을 온전히 이해하기에 인간은 어리석고 탐욕적이었던 거야. 그들은 자신이 속해 있는 집단의 문화가 다른 집단의 문화보다 우수하다고 믿었고, 이에 따라 자신의 문화를 다른 집단에 폭력적으로 강요하기도 했지. 힘으로 다른 집단의 모든 것을 빼앗으려는 과정에서 두 집단 사이에 큰 다툼이 발생하기도 하였단다.

다툼의 결과, 승리한 집단은 패배한 집단을 지배하게 되었어. 하지만 힘으로 만들어진 질서는 오래가지 못했지. 또 다른 강한 자가 계속해서 등장했기 때문이야. 이렇게 세상의 질서는 여러 차례 뒤바뀌었단다. 갈등과 폭력으로 인한 피해를 줄이고 평화롭게 공존하는 세상을 만들기 위해, 사람들은 UN과 같은 평화기구와 다양한 조약을 만들었어. 하지만 이러한 노력에도 불구하고 안타깝게도 우리는 과거의 역사에서 그 어떤 것도 배우지 못한 채 갈등과 폭력의 실수를 되풀이하고 있어.

사람들은 드디어 세계에 평화가 찾아왔다고 생각했어. 하지만 그것은 큰 착각이었지. 크고 작은 갈등이 끊이지 않고 세계 곳곳에서 발생했어.

이스라엘과 팔레스타인의 갈등이 대표적인 예야. 로마가 예루살렘 성전을 파괴한 후 뿔뿔이 흩어져 살던 유대인은 19세기에 이르러 자신들의 조상이 살던 팔레스타인 땅으로 점점 모이게 돼. 하지만 팔레스타인 땅은 빈 땅이 아니었지. 그곳에는 아랍인이 살고 있었어. 갑작스레 함께 살게 된 유대인과 아랍인은 평화롭게 공존할 수 있었을까?

아니야. 그러지 못했어. 팔레스타인 내 두 민족의 문제는 결국 UN의 손에 넘어가게 되고 1947년 UN은 결의안을 통해 팔레스타인 지역을 유대인과 아랍인이 사는 곳으로 나누게 돼. 이 결정으로 팔레스타인 내 아랍인들은 한순간에 자신들이 살고 있던 많은 땅을 빼앗기게 되었지. 이후 1948년, 유대인이 팔레스타인 땅에 이스라엘을 건국하자 이에 반발한 주변 아랍 국가들은 힘을 모아 이스라엘과 전쟁을 벌였어. 중동전쟁의 시작이었지. 4차에 걸쳐 일어난 중동전쟁은 군사력이 우세한 이스라엘의 승리로

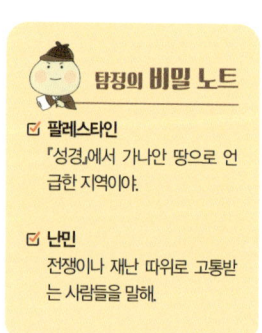

탐정의 비밀 노트

☑ **팔레스타인**
『성경』에서 가나안 땅으로 언급한 지역이야.

☑ **난민**
전쟁이나 재난 따위로 고통받는 사람들을 말해.

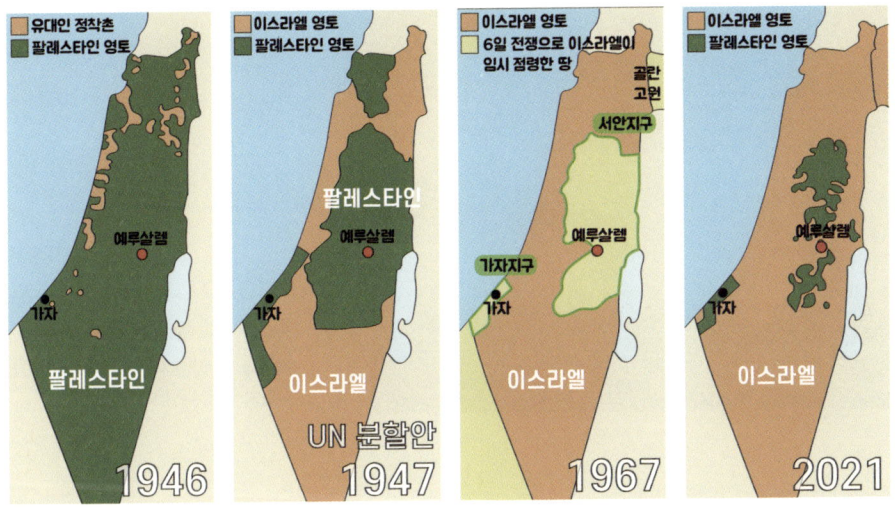

▲ 이스라엘과 팔레스타인의 영토 변화

끝났고 그 결과 수많은 팔레스타인 난민이 발생하게 돼.

서로를 향한 이스라엘과 팔레스타인 간의 증오는 이후 군사적 충돌과 테러와 같은 과격한 행동으로 이어졌고 이로 인해 오늘날까지도 갈등이 끊이지 않고 있단다.

전쟁뿐 아니라 테러도 오늘날 큰 문제야. 2001년 9월 11일 전 세계를 깜짝 놀라게 한 일이 일어났어. 비행기를 납치한 테러범에 의해 미국의 경제를 상징하는 뉴욕의 쌍둥이빌딩이 폭파된 거야. 테러는 한 곳에서 끝나지 않았어. 미국 국방부도 테러범의 공격을 받았지. 알카에다라는 이슬람 과격단체가 주도한 9.11테러로 3,000여 명의 안타까운 희생자가 발생했어. 이러한 테러는 언제 어디에서 일어날지 모르는 특성으로 인해 오늘날

◀ 9.11테러
미국의 부시 대통령은 테러 직후 유엔(UN)의 지원을 받아 알카에다 척결과 빈 라덴 색출을 위한 아프간 침공을 주도했어.

에도 많은 사람이 불안에 떨며 하루하루를 살고 있지.

그럼 현재는 어떨까? 2022년 러시아가 우크라이나를 침공해 시작된 전쟁은 2024년 현재까지도 이어지고 있어. 전 세계는 러시아에 경제적 제재를 가하며 전쟁을 일으킨 것에 항의했지. 하지만 러시아는 이에 아랑곳하지 않고 전쟁을 이어 가고 있어. 그리고 전 세계는 러시아와 우크라이나 전쟁이 세계의 평화에 큰 위협으로 다가오지 않을까 노심초사하며 바라보고 있는 상황이란다.

평화롭게 공존하지 못하고 계속해서 서로 싸우는 모습, 매우 안타깝지 않니? 그런데 여기 또 하나의 안타까운 문제가 있어. 이 문제 때문에 우리는 모두 심각한 위기에 처할 수 있지. 바로 환경 문제야.

인류를 포함한 지구 생명체의 보금자리인 지구는 인간의 편의를 위해 지금도 끊임없이 파괴되고 있어. 지구의 환경이 파괴된다면 인간을 포함한 지구의 모든 생명체가 살 수 없게 돼.

혹시 핸드폰으로 재미있는 영상을 오랫동안 보거나 차를 타고 가고 싶은 곳을 가는 것과 같이 오늘날 대부분 사람이 하는 행동들이 지구 환경을 파괴하고 있다면 믿을 수 있겠니? 하지만 이는 사실이야. 우리가 무심코 하는 행동들로 에너지와 자원이 낭비되고, 공장에서는 에너지와 물건을 다시 생산하는 과정에서 이산화탄소를 배출하고 있지.

그리고 그렇게 배출된 탄소는 지구의 온도를 올려 지구를 인간이 살기 힘든 환경으로 변화시키고 있어. 뭐? 이제부터 조금 불편하더라도 핸드폰 사용을 줄이고 걸어갈 수 있는 곳은 걸어가겠다고? 정말 멋진 생각이야.

▼ 지구촌으로 하나 되는 전 세계인

지구를 위해 작은 일이라도 모두 함께 실천해 나간다면, 지구에서 인류가 공존하며 밝은 미래를 함께 그려나갈 수 있지 않을까?

지금까지 나와 함께 역사를 공부하며 무엇을 알게 되었니? 역사는 단순히 재미있는 이야기가 아니야. 우리 인간은 과거의 잘못을 반복하지 않기 위해, 그리고 미래 인간에게 닥칠 문제의 해답을 찾기 위해 꾸준히 역사를 공부해야 한다는 사실! 잊지 않기로 만두와 약속해~

만두 탐정의 아틀리에

앞으로 남겨진 과제들

✅ **HINT** 테러, 이스라엘, 편의

1. 전쟁 문제

_____과 팔레스타인의 갈등은 세계의 평화를 위협하고 있어.

2. 테러 문제

_____는 언제 어디에서 일어날지 모르는 특성으로 인해 많은 사람을 불안에 떨게 해.

3. 환경 문제

인간의 _____를 위해 끊임없이 지구의 환경이 파괴되고 있어.

4. 공존의 시대로

협약을 맺고 국제기구를 만들어 세계의 평화와 지구 환경을 위해 많은 이들이 노력하고 있어.

정답: 〈시계 방향으로〉 이스라엘, 테러, 편의

| 도판출처 |

38쪽 ⓒ NaySay – Wikipedia | 40쪽 ⓒ Ricardo Liberato - Wikipedia | 42쪽 ⓒ Nastya Smirnova RF - Shutterstock | 43쪽 ⓒ robertharding/Alamy Stock Photo | 46쪽 ⓒ Shan_shan - Shutterstock | 52쪽(상) ⓒ photoff - Shutterstock | 52쪽(하) ⓒ IR Stone - Shutterstock | 58쪽 ⓒ Carole Raddato - Wikipedia | 60쪽 ⓒ Prioryman - Wikipedia | 64쪽 ⓒ Tomasz Sienicki - Wikipedia | 80쪽 ⓒ 경주시 관광자원 | 83쪽 ⓒ FeaturedPics - Wikipedia | 84쪽 ⓒ Kleuske - Wikipedia | 112쪽 ⓒ Gururaj Malekar - Wikipedia | 133쪽 ⓒ Hao Wei - Flickr | 186-187쪽 ⓒ Great Britain. Parliament. House of Commons - Wikipedia | 195쪽 ⓒ EditQ - Wikipedia | 207쪽 ⓒ Rama - Wikipedia | 209쪽 ⓒ 전쟁기념관 | 228쪽 ⓒ Nicolás Pérez - Wikipedia | 233쪽 ⓒ Alamy Stock Photo | 242쪽 ⓒ Jan Kronsell - Wikipedia | 276쪽 ⓒ Bundesarchiv, Bild 183-H27337 - Wikipedia | 280쪽 ⓒ Bundesarchiv, Bild 146-1981-149-34A - Wikipedia | 298쪽 ⓒ Haluk Comertel - Wikipedia